इश्क़ में माटी सोना

फ़ेसबुक फ़िक्शन : लप्रेक

इश्क़ में माटी सोना

गिरीन्द्र नाथ झा

चित्रांकन
विक्रम नायक

सार्थक
राजकमल प्रकाशन का उपक्रम

ISBN : 978-81-267-2837-4

मूल्य : ₹ 175

पहला संस्करण : दिसम्बर 2015
तीसरा संस्करण : नवम्बर 2022

सार्थक राजकमल प्रकाशन का उपक्रम

प्रकाशक
राजकमल प्रकाशन प्रा. लि.
1-बी, नेताजी सुभाष मार्ग, दरियागंज
नई दिल्ली-110 002

शाखाएँ
अशोक राजपथ, साइंस कॉलेज के सामने, पटना-800 006
पहली मंज़िल, दरबारी बिल्डिंग, महात्मा गांधी मार्ग, प्रयागराज-211 001
वेबसाइट : www.rajkamalprakashan.com
ई-मेल : info@rajkamalprakashan.com

मुद्रक
यश प्रिंटोग्राफिक्स
नोएडा-201 301 (उत्तर प्रदेश)

ISHQ MEIN MAATI SONA
Nano Stories by Girindra Nath Jha
Illustrations by Vikram Nayak

बाबूजी को...

अनुक्रम

गाँव तक पहुँचने की कहानी

मैं शहरी भी हूँ और देहाती भी। मेरे भीतर शहर भी है और गाँव भी। इन दोनों के बिना तो अपना जीवन ही अधूरा है। मैंने शहर में रहते हुए कभी भी गाँव को भूलने की कोशिश नहीं की और गाँव में रहते हुए कभी भी शहर को मन से दूर नहीं किया।

शहर और गाँव दो ऐसे पेड़ हैं जिनकी छाँव में मेरे जैसे लाखों-करोड़ों लोग अपनी जिन्दगी गुजार रहे हैं। आप किसी से उसका गाँव नहीं छीन सकते और न ही किसी से उसका शहर।

हर किसी के भीतर अपने शहर और गाँव के लिए स्पेस होता है। गाँव मेरी जिन्दगी का सफेद पन्ना है, जिसे मैं अपने शब्दों से रँगता हूँ और वहीं शहर मेरे लिए ई-मेल पता और फेसबुक टाइमलाइन की तरह है, जिसके जरिए मैं हर किसी से जुड़े रहने की कोशिश करता हूँ।

बाबूजी ने शहर और गाँव के बीच एक लकीर खींच दी थी। नियम-कायदा तैयार कर दिया था कि शहर में कितने दिन रहना है और गाँव में कितने दिन। उन्होंने हम भाई-बहनों को पढ़ाने के लिए एक डेरा पूर्णिया शहर में बनाया था।

हालाँकि उन्होंने कभी भी उस डेरे को स्थायी पता नहीं कहा। हम सभी का स्थायी पता पूर्णिया से तीस किलोमीटर दूर चनका गाँव रहा। बाबूजी की सारी चिट्ठी-पतरी उसी पते पर आती थी। वे कहते थे कि शहर को देखो, लेकिन जियो गाँव को!

बचपन में बाबूजी की काले रंग की राजदूत मोटरसाइकिल से हम पूर्णिया और चनका करते रहे। बाबूजी की सख्त हिदायत थी कि अच्छा पढ़ो और बिहार से बाहर निकल जाओ। आगे की पढ़ाई के लिए उस वक्त थोड़ा भी सम्पन्न हर बिहारी बाहर ही जाता था और बाबूजी की भी मेरे लिए यही इच्छा थी।

अब सोचता हूँ तो लगता है कि मैं गाँव से जितना दूर रखा गया, वह

सब फिर उलट गया। बाबूजी मुझे हमेशा गाँव से दूर रखना चाहते थे, लेकिन उनकी बिगड़ती तबीयत और परिस्थितियों ने मुझे फिर उनके करीब ला दिया। देखिए न, उनके लिए ही लौटकर आया और वे ही मुझे अकेला छोड़कर अनन्त यात्रा पर निकल गए। नियति को शायद यही मंजूर था। कभी बाबूजी के कहने पर दिल्ली–कानपुर करता था, अब उनकी तरह किसानी करते हुए पूर्णिया–चनका कर रहा हूँ। जीवन का गणित यही है। यहाँ बहुत कुछ हो जाता है, लेकिन इतना तो तय है कि माटी आपको अपनी ओर खींचती है।

बाबूजी हमेशा चाहते थे कि मैं गाँव से दूर रहूँ, जबकि गाँव तब भी मुझे खींचता था। जब भी गाँव से पूर्णिया लौटता था तो लगता था कि कुछ छूट गया है। गाँव का सबसे पुराना पेड़, जिसे 'बाबूजी थान' कहा जाता है, वह मेरे सपने में आता था। रात में बुदबुदाने लगता। मैं अन्दर–ही–अन्दर गाँव को जीने लगा था, लेकिन तभी बाबूजी ने फैसला लिया कि मुझे हॉस्टल जाना है।

पाँचवीं में किशनगंज के एक हॉस्टल में डाल दिया गया और फिर दसवीं–बारहवीं के बाद जब अपने पूर्णिया शहर लौटा तो पता चला कि अब दिल्ली की तरफ निकलना है। जिन्दगी की कहानी एक नए मोड़ पर मेरा इन्तजार कर रही थी शायद।

दिल्ली जाने से पहले गाँव का कबीराहा मठ, बाबूजी थान, पुरानी लीची–बाड़ी सबकुछ याद आने लगा। लगा कि अब सबकुछ मुझसे दूर हो जाएगा। वैसे सच कहूँ तो दिल्ली मुझसे दूर थी। इसकी वजह किसान परिवार से होना है। बाबूजी की आय का स्रोत इतना नहीं था कि वह एक झटके में मुझे दिल्ली भेज पाते, लेकिन बहुत कुछ 'हो जाता' है। तीन बहनों का मैं सबसे छोटा भाई था तो बहनों ने अपने छोटे भाई को दिल्ली बुला लिया। बारहवीं के बाद कॉलेज की पढ़ाई के लिए।

अचानक सबकुछ बदल गया। एक चकमक शहर मेरी जिन्दगी में समा गया और मैं दिल्ली का हो गया। इसके लिए मैं अपने मँझले बहनोई मदन झा का आभारी रहूँगा क्योंकि उनके बिना यह सम्भव नहीं था।

पूर्णिया से दिल्ली लाने के पीछे वही थे। पहली बार दिल्ली का चक्कर भी मैंने उन्हीं के साथ लगाया था। वे मुझे अपने इन्दिरापुरम के घर से ऑफिस लाए जो आईएनएस बिल्डिंग में था। फिर वहाँ से इंडिया गेट की तरफ ले गए थे। रास्ते-भर मैं आँखें फाड़कर दिल्ली को देख रहा था। आईटीओ, हाईकोर्ट, तेज रफ़्तार में चलती गाड़ियाँ, बाइक पर लड़कों के पीछे बैठी लड़कियाँ, ऊँची इमारतें...सच कहूँ तो दिल्ली से इश्क़ उसी दिन हुआ था। फिर तो मैं आजाद हो गया! अपनी नजर से दिल्ली को देखने लगा।

कॉलेज की पढ़ाई करते हुए दिल्ली को हमने खूब चखा। कभी नमकीन लगी तो कभी शहद के माफिक। मैंने दिल्ली के एक-एक हिस्से को देखने की कोशिश की, ठीक वैसे ही जैसे अब खेत-खलिहान देखता हूँ। इतिहास में रुचि बढ़ी तो पुरानी दिल्ली का चक्कर लगाने लगा।

रविवार की सुबह 25 गज के कमरे से निकल पड़ता था घूमने के लिए। कभी दक्षिणी दिल्ली तो कभी पश्चिमी तो कभी उत्तरी तो कभी पूर्वी दिल्ली। रिंग रोड और डीटीसी की बसें मेरी महबूबा बन गई थीं। उन्हें छोड़ने का जी ही नहीं करता था। कई कहानियाँ मैंने बसों में देखीं। आईटीओ की जाम से मुझे प्रेम होने लगा था। एक शहर कितना कुछ मानस को देता है, समझने लगा था। अब तक गुलजार मन में घर बना चुके थे, फणीश्वरनाथ रेणु का नशा तो पहले से ही चढ़ा हुआ था। कुल मिलाकर 'इश्क़ में माटी सोना' की जमीन तैयार हो चुकी थी।

तब तक मुखर्जी नगर, गाँधी विहार और बत्रा सिनेमा मेरी कहानियों के नायक बन चुके थे। दिल्ली के पार्कों की हरियाली और रेस्तराँ की टेबल-कुर्सियाँ मेरी नायिका थीं। गाँधी विहार के कमरे में 160 रुपए का एक रेडियो था, जो हर वक्त दिल्ली की कहानी सुनाता रहता था। शाम ढलते ही एफएम गोल्ड ग़ज़ल सुनाने लगता।

मेरे कमरे के साझेदार अमित झा थे। वो राजधानी कॉलेज में पढ़ते थे और मैं सत्यवती कॉलेज में। लेकिन मैं अपना समय कॉलेज से

अधिक नार्थ कैम्पस में गुजारता था, आर्ट फैकल्टी के आसपास। कभी कहानियों को देखते-छानते तो कभी लाइब्रेरी में।

कॉलेज के बाद की जिन्दगी की शुरुआत भी कहानियों से ही हुई—हुआ यों कि सीएसडीएस-सराय की फैलोशिप मिल गई, वर्ष 2006 में। दिल्ली के झुग्गी इलाकों में प्रवासी मजदूरों के बीच समय बिताने का मौका मिला। उनके बीच पनपते प्रेम को देखा। मंडावली, अशोक नगर आदि इलाकों में बिहार-उत्तर प्रदेश के रहने वाले लोगों से मिलता था। प्रवासियों के दर्द की समझ बढ़ी। घर से उनकी दूरी को शब्दों में बयाँ करने की हिम्मत नहीं होती थी। हमने टेलीफोन बूथ के सहारे अपने शोध-काम को आगे बढ़ाया था। उस वक्त सराय से जुड़े सदन झा मुझसे अक्सर कहते थे कि फील्ड नोट्स इकट्ठा करो। मुझे उस वक्त पता नहीं था कि फील्ड नोट्स इस किताब से भी जुड़ जाएँगे। बाद में जब रेणु साहित्य में डूबा तो पता चला कि किस तरह फणीश्वरनाथ रेणु फील्ड नोट्स इकट्ठा करते थे और बाद में उसे किसी कहानी या रिपोर्ताज की शक्ल देते थे। 'लप्रेक' की कुछ कहानियाँ उन्हीं फील्ड नोट्स की बदौलत हैं। सदन सर की बातें आज भी कानों में गूँजती हैं।

तीन बहनों के घर का सबसे छोटा भाई होने की वजह से मुझे बहनों का प्यार बहुत मिला है। बहनों की नजर से भी मैंने दुनिया देखी और प्रेम को महसूस किया है। गाँव की कहानियों की साझीदार मेरी बहनें भी हैं। आज यह सब लिखते हुए भावुक भी हो रहा हूँ और अन्दर से खुश भी, क्योंकि बहनों के हाथ में भाई की किताब होगी जिसमें प्रेम होगा। अलग-अलग फ्रेम में भाई ने शहर और गाँव के बीच प्रेम को किस तरह बयाँ किया है, बहनें पढ़ेंगी, यह सोचकर थोड़ा-थोड़ा डर भी लगता है; लेकिन भरोसा है कि तीनों बहनें खुश होंगी क्योंकि मैंने लेखन में ईमानदारी बरतने की कोशिश की है।

'इश्क़ में माटी सोना' अब आपके हाथ में है। शहर-दर-शहर करते हुए गाँव तक पहुँचने की कहानी को मैंने बस बाँचने का काम किया है, एक कथावाचक की तरह। दिल्ली के अलग-अलग हिस्सों में टहलते

हुए और डेरा डालते हुए हमने प्रेम को महसूस किया और फिर वर्ष 2012 में गाँव लौटने के बाद माटी से इश्क़ किया। गाँव में आशियाना बनाने के बाद वहाँ के लोगबाग से जुड़कर बस्तियों की बातों को मैंने शब्दों में ढालने का काम किया है। 'इश्क़ में माटी सोना' मेरे लिए यही है। यह सब लिखते हुए मैंने हर सम्भव ईमानदार रहने की कोशिश की है। जो देखा, जो महसूस किया, उसे लिख दिया।

शहर के इश्क़ से इतर गाँव के इश्क़ को 'शब्द के फ्रेम' में ढालने में दिक्कतें आईं। दिल्ली के कॉफी हाउस, रेस्तराँ, सिनेमा हॉल या फिर पार्कों से दूर गाँव की कहानी साफ अलग है। गाँव में प्रेम तो है—लेकिन उसके संग और भी बहुत कुछ हो रहा है। उस तरह की उन्मुक्तता नहीं है जो दिल्ली में दिख जाती है। यहाँ बन्दिशें, नफरत, लड़ाई, जमीन को लेकर संघर्ष, राजनीति और कई तरह की रुकावटों के बीच पनपते प्रेम को हमने देखा और उसे बस लिख दिया। कभी-कभी सोचता हूँ, यह सब कैसे हो गया तो ताज्जुब भी होता है। लेकिन अच्छा-बुरा जो है, वह सब अब आपके हाथों में है।

रवीश कुमार ने जब फेसबुक पर लघु प्रेम कथा लिखने की शुरुआत की तो मैं एक झटके में 'रवीश मैनिया' की चपेट में आ गया था। शहर को जिस अन्दाज में रवीश बयाँ कर रहे थे, लग रहा था कि 'लाल माइक' वाला यह शख्स हमारी ही कथा बाँच रहा है । फिर क्या था, हमने भी शुरू कर दी कहानियाँ—'लप्रेक' के अन्दाज में, लेकिन नाम रखा— 'रवीश मैनिया'। मुझे याद है, तब विनीत कुमार ने मुझे लिखने के लिए प्रेरित किया था। 'रवीश मैनिया' लिखते हुए फेसबुक मेरे लिए एक नया शहर बन चुका था और यही शहर बाद के दिनों में एक गाँव में तब्दील हो गया, जहाँ मैंने अपने अन्दाज में जीने की शुरुआत की। प्रिया ने मेरे इस फैसले पर मुझ पर भरोसा रखा और मैंने उस पर। इस तरह हम दोनों की कहानी आगे बढ़ती रही।

दिल्ली से कानपुर तक के सफर में 'लप्रेक' की चादर लम्बी होती चली गई। प्रिया के साथ कहानियाँ और भी प्यारी बनती रहीं। हर कहानी

में हम दोनों एक–दूसरे को ढूँढ़ते रहे। जीवन में पंखुड़ी आई तो हम दोनों की चादर और भी लम्बी हो गई।

यह किताब सत्यानन्द निरुपम के बिना अधूरी है। पत्रकारिता की नौकरी छोड़कर किसानी कर रहे एक बनते किसान पर निरुपम का भरोसा मुझे लिखते रहने का साहस देता है। हर दिन कुछ नया लिखने का मौका उन्होंने दिया। निरुपम ने मुझे लिखने की आजादी दी, ठीक वैसे ही जैसे किसानी करते हुए किसान अपने खेत पर भरोसा रखता है।

राजकमल प्रकाशन समूह को धन्यवाद। उसके प्रबन्ध निदेशक अशोक महेश्वरी का धन्यवाद, जिन्होंने 'लप्रेक' शृंखला के प्रकाशन की जिम्मेदारी ली और उसे बखूबी निभा रहे हैं।

वैसे यह किताब पूरी करना मेरे लिए खुद से लड़ने जैसा भी रहा। मैंने अपनी यह पहली किताब जिन्दगी और मौत से जूझते और बिछावन पर साल–भर अचेत लेटे बाबूजी की आँखों को देखते हुए पूरी की है लेकिन अफसोस आज जब सारी कहानियाँ किताब की शक्ल में आप सभी के हाथों में हैं तब बाबूजी नहीं हैं। शायद कहीं से वे यह सबकुछ देख रहे होंगे। माँ तो हर रोज मुझसे यही कहती है। माँ मुझे भरोसा देती है। बाबूजी को किताबों से लगाव था। बाबूजी मेरी किताब पढ़ते, सही–गलत पर टिप्पणी करते...मेरी यह इच्छा अधूरी ही रह गई। शायद नियति को यही मंजूर था!

यह किताब सिर्फ मेरी नहीं है। यह किताब विक्रम नायक की भी है। उनके बिना तो यह किताब ही नहीं बन पाती। विक्रम नायक से बस एक बार मिला हूँ, लेकिन लगता है उनसे अपना कोई रिश्ता है। ठीक वैसे ही जैसे फणीश्वरनाथ रेणु के बारे में सोचकर लगता है। दिल्ली और चनका गाँव के बीच विक्रम ने अपने रेखाचित्रों के जरिए एक पुल तैयार किया है। मैंने तो बस पन्नों पे शब्द रखे हैं, लेकिन विक्रम ने एक ऐसा पुल तैयार किया है जिस पर कदम रखकर पाठक अपनी यात्रा कुछ अलग अनुभव के साथ तय करेंगे। कबीर की वाणी में विक्रम नायक इस

किताब के 'सबद-योगी' हैं और असल में 'नायक' भी हैं।

रवीश कुमार ने जिस शैली में लिखना आरम्भ किया, उसे विनीत कुमार ने धार दी है। विनीत कुमार का आभारी इसलिए भी हूँ कि उन्होंने हमेशा मुझे लिखने के लिए उकसाया है, वह चाहे 'लप्रेक' हो या फिर ब्लॉग लेखन। रवीश कुमार तो इस किताब के केन्द्र में ही हैं—क्योंकि उन्हीं की शैली में हम सबने लिखने की कोशिश की है।

फेसबुक का शुक्रिया, जिसने लोगों को लिखने की आजादी दी है। फेसबुक के सभी दोस्तों का शुक्रिया जो हर एक बात पर मुझे नई बात सिखाते रहे हैं। सोशल मीडिया की वजह से ही मुझे लिखने का मौका मिलता रहा है, नौकरी छोड़ने के बाद भी। मेरे ब्लॉग 'अनुभव' के पाठकों का भी शुक्रिया।

अपने ही जिला पूर्णिया के श्रीनगर के चिन्मयानन्द सिंह का शुक्रिया जिनके साथ मैंने लम्बी यात्राएँ की हैं और जिन्होंने धैर्य से मेरी बकैती को सुना और अपने अनोखे अन्दाज में कई कहानियाँ भी सुनाईं।

चनका गाँव के खेत-खलिहान, पोखर-पुराना कुआँ, टोला-संथाल-बस्ती, नहर-नदी, पशु-पक्षी—सभी का शुक्रिया, जिनकी हरियाली और ख़ुशी, विपदा और आपदा, प्रेम और नफरत ने मुझे विपरीत परिस्थितियों में भी जूझने की ताकत दी। शाम ढलते ही कदम्ब-बाड़ी में नेपाल से आने वाली चिड़ियों के झुंड का शुक्रिया, जिनकी चहचहाहट से मेरा मन खुश हो जाता है। इन चिड़ियों में मुझे रेणु-साहित्य की आवाज मिलती है। लघु प्रेम कथाओं में मुझे रेणु भी दिखते हैं, कभी उनका हीरामन दिख जाता है तो कभी 'मैला आँचल' का डॉक्टर प्रशान्त।

गाँव से और खासकर कदम्ब के पेड़ों के करीब लाने के लिए काकाजी (शंकर झा) का शुक्रिया, जिन्होंने मुझे पेड़ से प्यार करना सिखाया। कदम्ब के पेड़ भी मेरे लिए 'लप्रेक' हैं। वे मुझे हर साल पेड़ लगाने की सीख देते हैं। कदम्ब को लेकर मैं जो कुछ भी लिखता हूँ, उसके पीछे काकाजी ही हैं। गाँव को लेकर जो कुछ भी लिखता हूँ उसके पीछे काकाजी ही हैं, नेपथ्य के अभिनेता की तरह। बाबूजी के बाद मेरे

सबसे करीबी, जिन्हें बाबूजी की तरह ही जल–जंगल–जमीन से बेहद लगाव है, ठीक वैसे ही जैसे किसी पिता को अपनी सन्तान से होता है।

बाबूजी नहीं हैं इसलिए थोड़ा असहज महसूस कर रहा हूँ। यह किताब बाबूजी को समर्पित है, जिनकी कड़क आँखों से पहले हम सब भाई–बहनों को डर लगता था और बाद में उन्हीं आँखों से हम सभी को प्रेम हो गया।

आशा करता हूँ कि पंखुड़ी जब बड़ी होगी तो इस किताब को अपने नजरिए से पढ़ेगी, खुलकर प्यार करेगी, खुलकर जिएगी, गाँव–शहर रचेगी, अपने अन्दाज में...

05 दिसम्बर, 2015 **गिरीन्द्र नाथ झा**
चनका, पूर्णिया
बिहार

शहर
एक पता रहा...

2

ऑक्सफोर्ड बुक स्टोर से निकलकर जनपथ की ओर जाते हुए स्नेहा ने पूछा, "पूर्णिया की कहानी सुनाने का वादा तो वादा ही रह गया, बाबू! कब सुनाआगे ?"

आशीष ने कहा, "तुमने भी कहा था कि खेती शुरू करूँगा तो पीले रंग का जनपथ मार्का कुर्ता मिलेगा...वादा तो वादा ही रहा..." दोनों ठठाकर हँसने लगे।

हँसी थमने पर आशीष ने कहानी शुरू की, "फरवरी, 1770 में ही पूर्णिया जिला बन गया। तारीख 14 नहीं थी, लेकिन कहानी हैप्पी वेलेंनटाइन डे वाली है।" स्नेहा शुरू करने के अन्दाज पर मुस्कुराई। आशीष बोला, "पहले सुनो तो! पूर्णिया के पहले सुपरवाइजर-कलक्टर था डुकरेल। उसी समय पास के किसी गाँव से एक स्त्री को जबरन सती बनाने की खबर आई। डुकरेल साहेब घोड़े पर सवार हुआ और उसने उस स्त्री की जान बचा ली। इतना ही नहीं, उसने उससे शादी कर ली और दोनों के कई बच्चे भी हुए। रिटायर होने के बाद डुकरेल उसे लेकर लन्दन चला गया। इनकी कहानी कई सालों बाद तालिब अली नाम के एक भारतीय यात्री ने लिखी। स्नेहा छूटते ही बोली, "अच्छा जी, तो उसी पूर्णिया के प्यारे वासी आप भी हैं! चलिए, आपको एक पीले रंग का कुर्ता दिलाती हूँ...और एक गुलाबी भी!"

मुखर्जी नगर के उस कमरे में रेडियो और किताब के अलावा उसकी आवाज को सहेजकर रखने के लिए भी 'जगह' थी। उसकी आवाज जब भी सुनता, कैम्प से नार्थ कैम्पस की ओर जाने वाली सड़क पर रुई धुनने वाली दुकान की याद ताजा हो जाती। दुकान में उड़ते हुए रुई के फाहे याद आने लगते...।

...तब ऐसा लगता मानो उसकी साँसें नर्म नाजुक फाहों की तरह आस-पास उड़ रही हैं और मैं उन फाहों को किताब में सहेज कर रख रहा हूँ।

दिल्ली के आइटीओ चौराहे पर लाल बत्ती पर हमारी गाड़ी रुकती है। एक बे-मौसम बारिश...शाम के वक्त बारिश रुकी ही थी। तभी एक छोटी बच्ची हाथ में सफेद फूलों के गजरे लिए हाजिर होती है। हम दोनों की तरफ गजरा बढ़ाती है।

मैं कहता हूँ, "अरे, ये तो बेली के फूल हैं न...सुगन्ध देखो..."

तभी गाड़ी में एफएम गोल्ड गूँज उठता है—'फूल के हार, फूल के गजरे, शाम फूलों की बात फूलों की...आपका साथ, साथ फूलों का...आपकी बात बात फूलों की...'

बच्ची के हाथ से गजरा अब हम दोनों के हाथों में था, बारिश के बाद उसकी हँसी में भी बेली की महक आ रही थी।

हम दोनों को ही एकान्त बहुत पसन्द रहा। मुखर्जी नगर के उस दो कमरे वाले 'मकान' में हम दोनों दिन-भर 'घर' में ही रहते थे, अपने-अपने। हमारे दरवाजे खुले ही रहते। खुले दरवाजों वाले कमरों में एक दूसरे के अस्तित्व का अहसास होता था, पर कोई दखल नहीं।

हम दोनों एकान्त में लिखते थे, अपने-अपने हिस्से के मन के लिए।

मॉल रोड से नार्थ कैम्पस में दाखिल होते ही, ठीक मानसरोवर हॉस्टल के आगे वह मिलती है।

फरवरी की गुनगुनी धूप में मुझे जाने क्यों उस छाते पर तरस आता है, जो उसके बाएँ हाथ को थामे था। तभी मेरे मन के भीतर बारिश का खयाल आता है। उसके हाथों को थामे कह ही देता हूँ, ''जानती हो, बारिश करवानी है, बस, तुम्हारी इस सतरंगी छतरी के लिए, उस दिन तुम्हारी ही छतरी भींगेगी...तुम नहीं...''

उसने धीमे से कहा, ''अबके सावन उस बारिश के लिए दुआ करूँगी...''

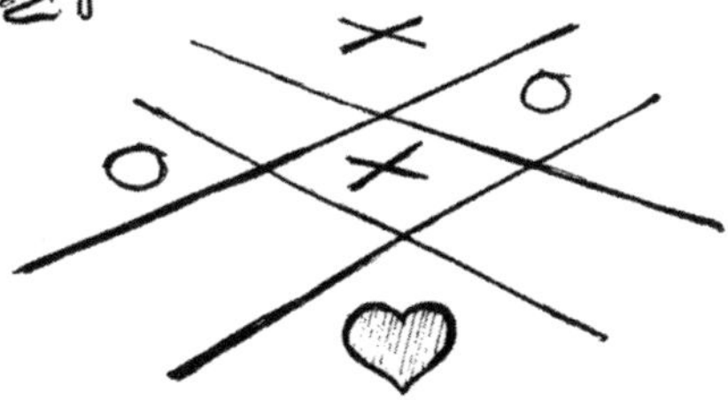

मुखर्जी नगर के चावला रेस्टोरेंट में उसने मसाला डोसा के प्लेट पर उँगलियाँ चलाते हुए कहा, "क्या सचमुच तुमने शहर छोड़ने का मन बना लिया है?"
उसके सवाल पर मैंने मुस्कुरा दिया। तभी उसने झट से प्लेट से हाथ हटाकर मेरी उँगलियों को छूते हुए कहा, "ऐसे तो तेरी ना में भी मैंने ढूँढ़ ली अपनी खुशी, तू जो गर हाँ करे तो बात होगी और ही..."
यह सुनकर मैंने बस उसका हाथ थाम लिया।

जनवरी गुजरने को बेताब थी, बसन्त में मन में राग बसन्त गूँज रहा था। लेकिन सर्दी की धमक बनी हुई थी। इस बीच हम दोनों अपने हिस्से के धूप के लिए मुखर्जी नगर के उस पार्क में पहुँचे, जो दो मोहल्लों को आपस में जोड़ता था।

उस दिन दुपहरिया की धूप सच में कयामत ढा रही थी। हमने एक दूसरे की आँखों को धूप का स्वाद चखते देखा।

तभी वह धीरे से बोली, ''उजाले में तुम्हारी आँखों का रंग बिल्कुल बदल जाता है। क्या आँखों को भी धूप लग गई है... ?''

वह आज आसमान की बातें कर रही थी, ऐसा लग रहा था मानो मुझे माइक्रो इकोनॉमिक्स पढ़ा रही हो। मुखर्जी नगर के बत्रा सिनेमा की सीढ़ियों पर चढ़ते हुए उसने कहा, "चाँद और सूरज को देखो न, दोनों एक दूसरे से कितने सहज हैं। एक जब आसमाँ में खो जाता है, तो दूसरा सामने आ जाता है।"
मुझसे रहा न गया, पूछ बैठा, "जब दोनों साथ-साथ सामने आ जाएँगे तो क्या होगा?"
उसके चेहरे पर मुस्कान की रेखाएँ खींच आईं, हाथ थामे उसने धीरे से कहा, "चलो सुहाना भरम तो टूटा..."

10

हम चुप थे, लेकिन दोनों का मन बोल रहा था। दिल्ली की सर्दी में पीयूष मिश्रा के बोल याद आ रहे थे— 'बढ़ती हवाओं के झोंकों से दिल में नगमा कोई ला भी दो...' तभी वह बोल उठी, "खोने की जिद में क्यूँ भूलते हो, पाना भी होता है।"

इस बीच ठंड बढ़ती ही जा रही थी, आगे खालसा कॉलेज दिख रहा था, कोहरे की चादर 'लिफाफे' की माफिक हम दोनों को कैद करने की जुगत में थी। ठीक उसी पल मानसरोवर हॉस्टल के ठीक सामने मैंने उसके हाथों को थाम लिया, मानो लिफाफे के ऊपर किसी ने 'स्टैम्प' चस्पा कर दिया हो।

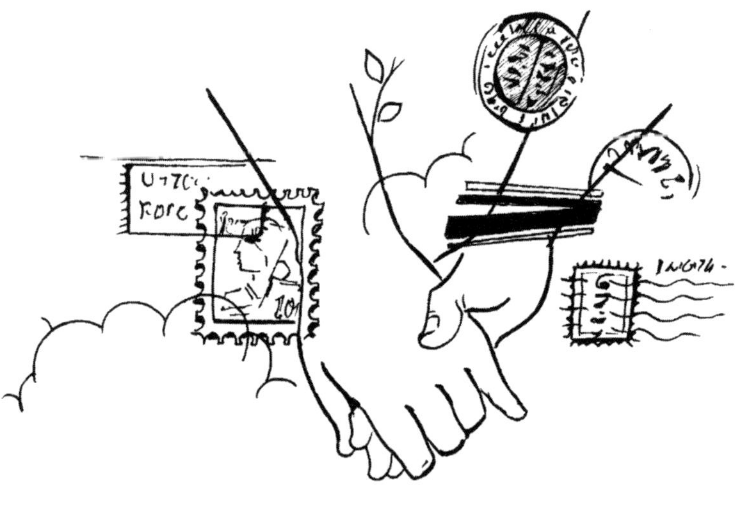

मुखर्जी नगर के उस कमरे में अजीब-सी चुप्पी छाई थी। तभी मैंने चुप्पी तोड़ते हुए पूछा, "तुम्हारी चुप्पी तुम्हें कैसी लगती है?" सवाल सुनकर वह मुस्कुराने लगी... फिर धीरे से बोली, "तुम्हारे रेणु तुम्हें कैसे लगते हैं?"
मैंने जवाब देना उचित समझा...केवल यही कह सका, "गुलजार के चाँद की तरह।"
हम दोनों मुस्कुराने लगे, कमरे की चुप्पी भी आड़ी-तिरछी होकर मुस्कुराने लगी...

हम चुप ही थे। विश्वविद्यालय के बदले सिविल लाइंस मेट्रो स्टेशन उतर गए, क्योंकि हमें शान्ति की तलाश थी। मन और तन दोनों को। दरअसल हम चुप रहकर भी हजार बातें करने के काबिल थे। हम दोनों इसे म्युचूअल अंडरस्टैडिंग कहते थे।
सिविल लाइंस की सड़कों पर हम हाथों में हाथ लिए आगे बढ़ते चले जा रहे थे। आज हमने गुलजार की त्रिवेणियों पर बातें कीं... मुखर्जी नगर से थोड़ा आगे निकलकर गांधी विहार पहुँचे। बदबूदार नाला भी हमारे कदम को तेज नहीं कर पा रहा था क्योंकि हम दोनों वक्त को तेजी से गुजारना नहीं चांहते थे।
हमारे लिए यही प्यार था। एक दूसरे को अधिक से अधिक वक्त देना।
अँधेरा हो चुका था। उसे किंग्सवे कैम्प लौटना था, लेकिन हम अभी भी अँधेरे में खोना चाहते थे...

उसे छोड़ने के लिए पैदल ही निकल पड़ा कैम्प। मुखर्जी नगर से आगे बढ़कर हम इंदिरा विहार में थोड़ी देर के लिए रुक गए।

उसने धीरे से कहा, "तुम चले जाओ, मैं अकेले निकल लूँगी।"

मैंने पूछा, "चला जाऊँ..." ऐसे सवाल अक्सर हमें मोड़ पर खड़े कर देते थे।

मैंने मुड़कर देखा तो हम दोनों मुखर्जी नगर मोड़ पर ही तो खड़े थे...

शाम में हम कॉफी हाउस पहुँचे। अन्दर की कुर्सियों के बजाए हमने बाहर की कुर्सियों को तवज्जो दी। दो कप कोल्ड कॉफी के बहाने हम वक्त गुजारना चाहते थे, लेकिन आदत से मजबूर मैंने एक ही सुरक में सारी कॉफी गटक ली। वो मुझे देखकर मुस्कुरा रही थी और मैं कॉफी के फेन को होंठों से हटा रहा था।

मैंने झटके से पूछा, "खादी भंडार नहीं जाना है क्या..."

तभी उसने कहा, "जानते हो, आज ऑटो वाले भैया ने क्या कहा?"

मैंने पूछा, "क्या?"

मुस्कुरा कर बोली, "भैया ने कहा, हैप्पी वूमेन्स डे..." फिर हम दोनों खिलखिलाकर हँस पड़े...

इस बार दो हफ्ते के अन्तराल के बाद हम मिले, वह भी कनॉट प्लेस में। उसने कहा, "मेट्रो के बाद कितना बदल गया है कनॉट प्लेस..." मैंने उसकी प्रतिक्रिया पर ज्यादा ध्यान नहीं दिया, वो फिर बोली...। इस बार मैंने कहा, "वक्त के साथ हम भी तो बदल गए हैं..."

इस बार वह चुप थी...हल्की बारिश हो रही थी, कनॉट प्लेस से हम सीधे जेएनयू की ओर रवाना हुए। 615 नं. की बस में बैठे। शीशे पर पानी की बूँदों को निहार रहे थे, नेल्सन मंडेला मार्ग से जेएनयू में दाखिल हुए। वह गंगा ढाबा जाना चाहती थी और मैं मामू का ढाबा। मामू ढाबा जाने के लिए वह आखिर राजी हो ही गई, लेकिन शर्त थी—बिहारी थाली। बस से गंगा ढाबा उतरकर पैदल हम मामू के ढाबे की तरफ चल पड़े।

बारिश अब बूँदाबाँदी में बदल चुकी थी। टहलते हुए आज उसके पास मेरे लिए सवाल अधिक थे।

उसने धीरे से पूछा, "तुम यादों को जेब में लिए क्यों चलते हो? नॉस्टेल्जिया तर्क पर क्यूँ हावी हो जाती है?"

इन सवालों को सुनकर मैं जेएनयू के लाल पत्थरों में कुछ खोजने लगा...वह मुझे टकटकी लगाए देखती रही...उसे चाँद पसन्द था और मुझे तारों भरा आसमान...

हम दिल्ली से आगे पलवल पहुँचे। एक गाँव में। हम गाँव की पगडंडी पे टहल रहे थे। वह गुनगुना रही थी—'नैनों को तो डसने का चश्का लगा रे...नैनों का जहर नशीला रे।'
मैंने कहा, "अरे ये तो मेरी पसन्द की लाइन है..."
उसने कहा, "अब मेरी भी...!"
पलवल से लौटते वक्त हम गाड़ी में चुपचाप बैठे थे। मैं सड़क किनारे बने आलीशान शॉपिंग कॉम्प्लेक्स को देख रहा था और वो आँखें मूँदे मुस्कुरा रही थी। मेरे मन में कहानी चल रही थी और वो नज़्म गुनगुना रही थी। तभी ड्राइवर ने झटके से ब्रेक लगाई, वो मुझसे और करीब आ गई।
मानो कहानी और नज़्म की मुलाकात हो गई।

खान मार्केट के बुक शॉप की सीढ़ी पर चढ़ते हुए मन किताबों में रमा जा रहा था कि तभी एक पहचानी आवाज कान में गूँजती है। पलटकर देखता हूँ और हैरान रह जाता हूँ!

पूछता हूँ, "तुम यहाँ?"

वह कहती है, "क्या किताबों की महफिल केवल तुम्हारे लिए सजती है?"

मैं मुस्कुराने लगता हूँ। इस सवाल का जवाब देने के बजाय उसको अन्दर चलने को कहता हूँ।

नहीं कह पाता तो केवल यह कि इन किताबों की तमाम महफिलों में भी मुझे तुम ही दिखती हो...जैसे किसी भी गायक को सुनते हुए मेरा मन उसके संगतकार में रमा रहता है...

कनॉट प्लेस के कॉफी हाउस में झुलसाती गर्मी में उसने दो कोल्ड कॉफी का ऑर्डर दिया। ऑर्डर देते वक्त वह बेहद सहजता का परिचय देती है, मानो वह किसी ऊँची पहाड़ी से नीचे उतर रही हो। और मैं उसकी आँखों में दुनिया-जहान देख रहा था।

उसने टोका, "क्या हुआ?"

मैंने कहा, "कॉफी की झाग में जिन्दगी खोज रहा हूँ..."

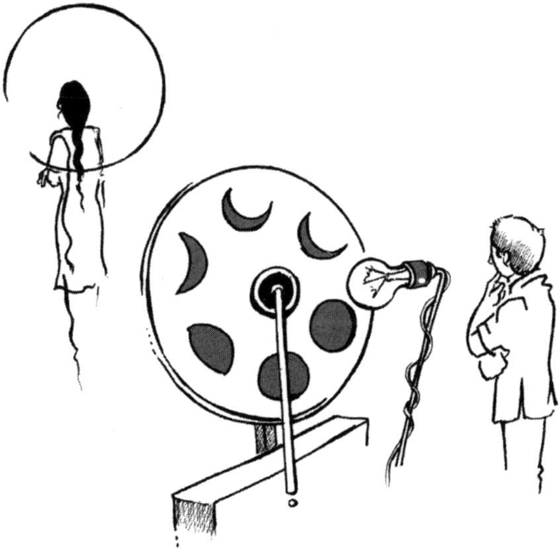

कल मेरे चुप रहने से उसे कोई दिक्कत नहीं थी, दिक्कत थी तो केवल न मुस्कुराने से। आज जेएनयू में, मामू के ढाबे पर मैं चुप था। लेकिन उसे देखकर मुस्कुरा रहा था। उसने धीरे-से मेरे हाथ को सँभालते हुए कहा, ''देखो, आज चाँद भी हमसे दूर है, तुम तो करीब आओ।''

वह अमावस की रात थी। मैं सोचने लगा—'प्यार भी चाँद की कला है शायद, हर रोज नया रूप...'

मोतीबाग से हम आगे निकल पड़े। रेलवे म्यूजियम वाले पुल पर तपती दुपहरी में हम हाथों में हाथ थामे टहल रहे थे।

वह बोली, ''इस गर्मी में भी ये इलाका ठंडक का अहसास दे रहा है न!''

मैंने कहा, ''सॉरी...ये इलाका नहीं, हम दोनों के हाथों का जादू है।''

तभी उसने घड़ी पे नजर दौड़ाई, मैंने घड़ी के चेहरे पर हाथ रख दिया...आगे ठहरी हुई रेलगाड़ियाँ दिख रही थीं...

मुखर्जी नगर के कमरे में रेडियो से आवाज आ रही थी—'गरज बरस प्यासी धरती पर फिर पानी दे मौला', तभी कमरे में किसी ने दस्तक दी।

दरवाजा खोला तो वही थी। वह बत्रा जाने की जिद नहीं कर रही थी। तपती गर्मी में मौला से पानी की आस लगाती गीत पर भी उसने कुछ नहीं पूछा। बस यही पूछा कि लोग एसी कमरे में दुनिया बदलने की बात क्यों करते हैं?

गीत की अगली लाइन गूँजने लगी—'सोच-समझ वालों को थोड़ी नादानी दे मौला...'

बत्रा के पीछे वाली गली, जहाँ लोग आइएएस बनने पहुँचते हैं, हम वहाँ दिल को सुकून देने पहुँचे। तपती गर्मी में भी ठंडक का अहसास हमें मसूरी लिए जा रहा था। चार नयन की ताकत ऐसी होती है, हमने पहली बार जाना।

पीछे खड़ा बत्रा सिनेमा हमें देखकर मुस्कुरा रहा था, ऊँची इमारत के बाहर एक बड़ा पोस्टर चिपका था—'डरना मना है'।

दोनों ही अपने–अपने रास्ते तय कर पुरानी दिल्ली की एक गली में मिले। एक हफ्ते के बाद हम मिल रहे थे। उसने मिलते ही तपाक से कहा, ''आग का क्या है, पल–दो–पल में लगती है, 'बुझते–बुझते तो एक जमाना लगता है'।''
मुझसे रहा नहीं गया। मैंने उसके दोनों हाथ थाम लिये और मन में आया—'हँसता चेहरा एक बहाना लगता है...'

आज लम्बे अरसे बाद हम दोनों ने तय किया कि सिविल लाइंस में मिलेंगे और मन की बातें करेंगे।
मिलते ही उसने पूछा, "मन के बारे में तुम्हारा क्या ख्याल है?"
मैंने भी तपाक से कहा, "मेरे लिए तो मन बस खेत है...।"
उसने कहा, "लगता है कि तुम्हारे भीतर का किसान जाग गया है।"
उसका मन भगवती चरण वर्मा के लिखे में रमता था और मेरा फणीश्वरनाथ रेणु में...
कॉफी हाउस में बैठे-बैठे उसने सवाल दागा कि आखिर रेणु ही क्यों? मैंने कहा, " 'गाँव छोड़कर चले गए हो शहर, मगर अब भी तुम सचमुच गँवई हो...शहरी तो नहीं हुए हो...' उनका लिखा यह जब पढ़ा न तो लगा जैसे मेरे ही लिए लिख गए हों..."
कॉफी हाउस से निकलते वक्त जाने क्यों आज वह मेरे पास-पास चलने लगी...लगा, जैसे कोई एक्स्ट्रा स्पेस डिलीट हो गया हो!

पता नहीं आज सुबह से ही उसने निजामुद्दीन जाने की जिद क्यूँ ठान ली थी! हम गए तो थे, लेकिन मेरा मन इबादत से कोसों दूर था। उसकी चूड़ियाँ मेरे हाथ से टकराईं भी वहाँ, लेकिन मैं कहीं और खोया हुआ था।

गाँव से फोन आने की बात तो उसको बताई नहीं थी। फिर भी बाहर निकलते हुए उसने पूछा, "यहाँ आकर भी मन स्थिर नहीं हुआ क्या दोस्त!" मैं जैसे सोये से जाग गया था। यह दोस्त कहने वाली लड़की मेरे मन को इतना सटीक कैसे पढ़ ले रही है!

जो मन पढ़ ले वह तो मेरे लिए मीता है न!!

सत्यवती कॉलेज के पीछे खेल–मैदान की ऊँची चहारदीवारी का सहारा लेकर लेटे–लेटे उसने पूछा, ''आखिर तुम कुर्ता ही क्यों पहनते हो, शर्ट क्यों नहीं ?'' मैंने सवाल छूटते ही जवाब ठेला था, ''कुर्ता आजादी है, तन की आजादी।''

जवाब सुनकर वह खूब हँसी थी। वह तन की आजादी का अर्थ निकालने लगी थी।

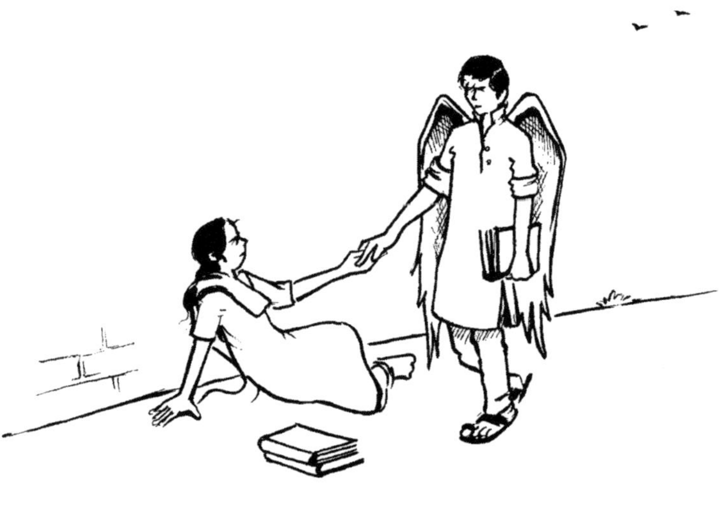

गर्मी की तपती दोपहर में जब वो मेरे कमरे में दाखिल हुई थी तो मैंने तपाक से कहा था, "तुम अपने संग एक हवा लाती हो, जिसमें अजीब-सा नशा होता है...कई बार पूछना चाहा है कि क्या तुम कोई नशा भी करती हो?"

वह अल्हड़पन में मुस्कुराते हुए बोली, "हाँ, मैं भी अब नशा करने लगी हूँ...तुम्हारी बातों का...!"

शरारत उसकी अदा थी...

"रहना होता है 25 गज की कोठरी में और निहारते रहते हो परती जमीन को। अरे बुद्धू, मॉल चलो, सिनेमा देखेंगे। क्या इस ख़ाली जमीन में आँख चिपकाए रखते हो! जान लो, यहाँ एक दिन फ्लैट बनेंगे; सैंकड़ों की संख्या में..."

गांधी विहार के किराए के मकान की छत पर स्नेहा की इस बात को सुनकर आशीष मुस्कुराने लगा। बुराड़ी तक फैले उस भू-भाग में आशीष को अपना गाँव दिखता है। जमीन को लेकर बचपन से सुने संघर्ष की बातें उसे याद आती हैं। गाँव की सुलेखा काकी याद आती हैं। लेकिन यह सब स्नेहा को वह कैसे बताए...आशीष के भीतर का गाँव आज उसके मन को भिगो रहा था।

स्नेहा का हाथ थामते हुए उसने कहा, "मॉल फिर कभी, आज बुराड़ी चलो न! कॉरोनेशन पार्क में बीहड़ के बीच किंग जॉर्ज पंचम की मूर्ति देखेंगे...और तुमसे ढेर सारी बातें करेंगे...वहाँ मेरे गाँव की तरह खेत भी हैं...लाल मिट्टी है...सब तुम्हें दिखाऊँगा"

एक जगह नौकरी करते हुए हमने ग्रीन पार्क में दो कमरे का एक फ्लैट किराए पर लिया, साथ-साथ रहने के लिए। इस दो कमरे के घर को हमने संसार का रूप दिया। पर्दे से लेकर कुर्सियों तक में दोनों ने जान फूँक दी। रंग को लेकर दोनों ने ढेर सारे प्रयोग किए। दोनों अक्सर कहते थे कि रंग ही जीवन है, जिन्दगी को रँग डालो। हर सुबह अमीर खुसरो को उस्ताद सुजात हुसैन की आवाज में सुनना दोनों की आदत थी।

वो कहती थी, 'कबीर और अमीर खुसरो तुझमें बसते हैं, मैं दोनों को समझने के लिए तुम्हें पढ़ती हूँ।'

जिन्दगी प्यार है कि है नज़्म कोई...

...और आज जब उसी शाम ने
फिर से दस्तक दे ही दी है तो एक बात कहूँ...
मैंने आज मौसम-भर का बसन्त तुम्हारे नाम कर दिया है!
सुबह की डाक का इन्तजार करना...
बस, कबूल कर लेना...

हमने कभी भी फेसबुक को आभासी नहीं माना, और न ही ख्वाब। हम जब भी एक दूसरे से दूर रहे, तब-तब फेसबुक हमारे लिए शहर-ए-दिल्ली रहा।
सच कहूँ तो हम इसमें अपने हिस्से का एक शहर बसाते रहे, एक मोहल्ला तैयार करते रहे, और करीब आते रहे, मन की बातें थोक के भाव में करते रहे...
आज सुबह-सुबह उसने फेसबुक इनबॉक्स किया तो मुझे लगा जैसे वह फिलॉस्फर भी है। उसने कहा—'जीवन एक कहानी है। कहानी में सुख भी है और दुख भी। सुख को जीना है और दुख को भी समेटना है।'
केवल इतना-भर जवाब में लिख सका—'तुमने तो मेरे लिए एक पूरी कहानी ही लिख डाली है...' उसने स्माइली भेजकर अपनी पुरानी हँसी मेरे नाम कर दी।
दूरियाँ यों भी निभती हैं शायद!

ऐ, चुपके से देखकर, लाइक कर क्यूँ भागी जा रही हो? मैं यहाँ तुम्हारे लिए शब्दों से गुलजार दुनिया रच रहा हूँ और तुम हो कि बस एक लाइक का बटन दबाकर निकल जाती हो...कभी हमारी गली में ठहरने की तकलीफ भी करो...

प्लीज, कुछ कहो, कुछ सुनो...

इसे भी तुम मुखर्जी नगर का बत्रा सिनेमा हॉल बना दो न...

धूप इठला रही थी...
परदे से ताका-झाँकी कर रही थी...
परदे को सरकाया तो वह कमरे में दाखिल हो गई!
मास्टर साब कहते थे—'जिन्दगी एक सुबह है, एक टुकड़ा धूप है। लेकिन मुझे तो अब किसी सुबह बारिश का इन्तजार है...कुछ पुराने ख्वाबों को बारिश में भिगोना जो है...'

सच कहूँ, मुझे गोता लगाना कभी नहीं आया। यदि आता तो कुछ पत्थर साथ लाता ताकि उन पत्थरों को भी तुम्हारे स्पर्श से प्यार हो जाए। लेकिन मुझे तो बस डूबना आया, वह भी तुम्हारे लिए। जब भी होश बेखबर हुए...तुम्हारे बगैर, मैं डूब गया। जानती हो, मेरा डूबना ही तुम्हें पाने की सीढ़ी रही। डूबते हुए सुबह को शाम तुमने ही किया था...

याद है न, उस दिन जब तुम्हारी जुल्फ झुकी थी तो सुबह भी शाम हो गई थी...

तुम चुप ही रहो, क्योंकि तुम्हारी चुप्पी मेरे लिए संगीत है... तानपुरे की मध्यम आवाज है...तुम्हारी चुप्पी मेरे लिए मुक्तिबोध की कविता है...तुम्हारी चुप्पी मेरे लिए नार्थ कैम्पस की गुलजार सड़क की तरह है...तुम्हारी चुप्पी मेरे लिए वैरागी बादल है...मकबूल की पेंटिंग है...

आओ, हम चुप रहकर एक दूसरे में खो जाते हैं, एक कविता रचते हैं...

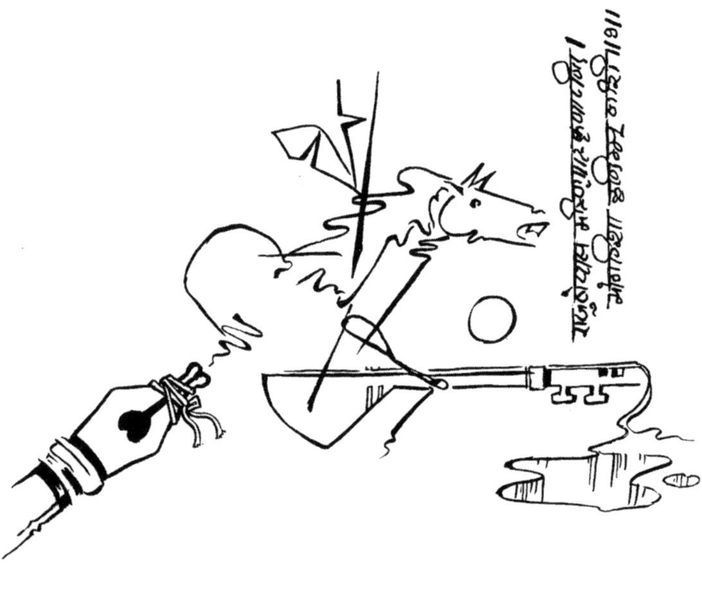

बरसों बाद हम एक दूसरे से दूर थे। तभी इनबॉक्स में एक नए ई-मेल ने दस्तक दी। उसी की पाती थी। उसने लिखा था—'इधर कई दिनों से बादलों का फेरा है। बारिश की बूँदें तेज हो रही हैं और इधर मन के जंगल में एक आँधी आती है, हर जगह शोर, हवा की साँय-साँय। बादलों का फेर ऐसा होता है, पता नहीं था। कहीं पढ़ा या सुना था कि मौसम साँस की तरह है, उसे सँभलना आता है और सँभालना भी। मुझे तुम्हारी याद आ रही है...तुमसे मन की बात करनी है...'

छाँव और धूप-सी मोहब्बत भी!

जमीन–जायदाद के कागजों से उसे अजीब गंध आती है, लेकिन खेतों से उसे प्यार है! ऐसा हो सकता है क्या भला? जमीन नहीं तो फिर खेती कैसे? और जमीन हो भी तो उसके मालिकाने हक के पुश्तैनी कागज के बगैर क्या जोतदारी? गाँव के जीवन में तो उसे हर तरफ कागज की लड़ाई ही दिखती। लेकिन उस शाम जब सुलेखा काकी ने कहा कि जमीन किसी की नहीं होती है, बउआ; उसे जोतना पड़ता है, तब जाकर वह तुम्हारी होगी। तुम्हारे बाप–दादा ने भी यही किया और अब तुम्हें भी यही करना होगा।

काकी की बात सुनते ही उसे लगा कि किसी ने पहली बार उसके मन की बात कही है।

लोहे की आलमारी में जमीन के सभी कागज जस–का–तस रखकर वह खेत की तरफ निकल गया। मन की सारी दुविधा मिट चुकी थी...पुरखों की जमीन कागज पर नहीं, जोत कर ही सँभाली जाएगी... उसकी आँखों में किसी क्षण लहलहाती हरियाली तैरती तो किसी क्षण सुनहली तैयार फसल का विस्तार पसर रहा था...

आज वह स्नेहा को जरूर कॉल करेगा।

इधर दो रोज से चैन से बात नहीं हुई...

शहर से गाँव जब भी वो आता तो उत्तर टोले के बिसेसर के घर जरूर जाता। बिसेसर के रसोईघर के चूल्हे से उसे अजीब तरह का लगाव था। जब भी चूल्हे की आँच कम होती वो झुकी आँखों से आँगन की ओर देखता और बस देखता रह जाता। इस आशा के साथ कि आँगन के पच्छिम वाले घर से वो बाहर निकलकर चूल्हे के पास आएगी और पूछेगी—

''बाबू, दिल्ली में भी आँगन होता है क्या...सुनते हैं कि वहाँ माटी का घर नहीं होता है...घर के ऊपर घर होता है...।''

वो यही सब सोच रहा था कि तभी स्टील के ग्लास में चाय लिए वो आती है और वो बस उसे देखता रह जाता है...

"मेरी याद आती है या जनाब को खेत का ही इशकरोग हो गया है?"

फोन पर स्नेहा की छेड़ने जैसी बात सुनते ही आदतन उसने धरती को छू लिया और भावुक स्वर में कहने लगा, "अरे, तुम भी न... याद है, 25 गज के उस कमरे में, जिसमें खिड़की भी नहीं थी और हम परती जमीन को तोड़ने का सपना देखते थे...तुम कहती थी न कि मेरे मन में खिड़की ही खिड़की हैं, बस खोलने की देर है...उस सपने की राजदार तो तुम भी हो न...और ऐसी बातें करती हो! यकीन मानो, तुम मेरे लिए खेतों में फैली हरियाली हो, धान और गेहूँ की बाली हो...मक्का की लहलहाती-मुस्कुराती फसल हो, जिसके बिना हम दोनों का जीवन अधूरा है...देखो न, कैसा सौभाग्य है कि हम एक-दूसरे के सपनों और शौक को समझ रहे हैं...और सौभाग्य तो हमेशा फिफ्टी-फिफ्टी होता है न, स्नेहा?

वैसे भी, तुम्हारे बिना तो मैं इश्क़ में माटी-सोना हूँ भी या नहीं; कह नहीं सकता...कभी नहीं..."

गाँव पहुँचने पर उसका पहला सवाल था, "तुम्हारी बाँस की बाड़ी किधर है?" मैं चौंका। आखिर इसे बाँस से कब लगाव हो गया! खैर, अगले दिन हम उसे बाँस की बाड़ी दिखाने ले गए।

बाँस के झुरमुटों में घूमते वक्त उसने मेरा हाथ थाम लिया। उसकी हथेली की छुअन से मुझे लगा जैसे बाँस के झुरमुटों में कुछ नए मेहमान आ गए हैं। आखिर बाँस का परिवार भी तो इसी महीने बढ़ता है। मैंने उसे बताया कि बेंत का जंगल और भी हरा हो गया है। लगता है गर्मी की दस्तक ने उसमें और रंग भर दिया है।

मेरी बातों को सुनकर वह धीरे से बोली, "लगता है अब तुम भी रँगरेज बन गए हो, बताओ न, तुम्हें गाँव को रँगना किसने सिखाया है?"

उसकी आँखें कुछ और गहरी लगने लगीं अचानक और बाँस कुछ और हरे...

उसने सुबह उठते ही तपाक से पूछा, "आज तुम मुझे कहाँ ले जाओगे?"

मैंने कहा, "आज हम तुमको अंचल की कथा में डुबकी लगवाएँगे जी। गाम के सबसे दक्षिण टोला ले जाएँगे। जानती हो तुम कि गाम में जो भी सबसे मेहनत वाला काम होता है न, वह इसी टोले के लोगों के हिस्से आता है। तुम इस टोले का संगीत सुनो। आज पलटन ऋषिदेव की बेटी की शादी है। शादी-ब्याह का कार्यक्रम साँझ में है और भोर से दुपहरिया तक भगैत का कार्यक्रम।"

'भगैत' शब्द सुनकर वह मुस्कुराने लगी। क्योंकि उसे पता था कि अंचल में भगैत की उपस्थिति ठीक वैसी ही है जैसे जीवन में प्रेम।

खेत में उसे देखते ही मन शान्त हो जाता है...दुनियादारी कुछ पल के लिए थम-सी जाती है। आज भी उसे चलना है...खिड़की से बाहर झाँकता हूँ तो आसमान में अन्तिम तारा सुबह के लिए व्याकुल हुए जा रहा है, चिड़ियों की हल्की चहचहाहट सुनाई देने लगी है। किसान अब नए दिन की तैयारी में जुटने लगे हैं।

लेकिन मैंने अपनी तैयारी आज भी उसके नाम कर दी है, क्योंकि आज वह खेतों में पसरे मक्का को देखेगी। अन्तिम तारे की व्याकुलता अब मेरे भीतर भी कुलाँचे मारने लगी थी...एक खुले-खिले दिन की आशा, ओह...!

गाँव पहुँचकर उसके भीतर का पेंटर बावला हो गया था। उसे कुछ ख्याल आया और पूछ बैठी, "तुम अब पेंटिंग नहीं करते हो क्या..."

मैंने कहा, "अब खेत और खेती ही मेरे लिए पेंटिंग हैं...बंजर जमीन पर कदम्ब के संग धान-मक्का और गेहूँ की खेती मुझे हर रोज नई बनती पेंटिंग लगती है। खेत मेरे लिए कैनवास बन गया है और किसानी कर रहे लोग अपनी कला से अनजान पेंटर हैं। यहाँ चित्र में रोज कुछ नया जुड़ता जाता है। कैनवास जल्दी-जल्दी नहीं बदलता। लेकिन इसका अपना मजा है!"

उसने मुस्कुराते हुए पूछा, "तो मैं क्या हूँ अब तुम्हारे लिए?"

मैंने उसके बालों में फँसी गेहूँ की बाली को हटाते हुए कहा, "तुम मेरे जीवन की वो खुशनुमा रंग हो, जिससे मैं ये तस्वीर रच रहा हूँ..."

नहर की पगडंडी पर दोनों चल रहे थे, एक हाथ में कैमरा था तो दूसरे के हाथ में गमछा। वो कैमरे की लेंस से खेतों को देख रही थी तो वो गमछे को सिर में लपेटकर गाँव को जीना चाह रहा था। तभी बलभदर की बेटी सुलेखा दोनों के सामने आई और बोली, "आपलोगों को गाँव-घर देखना है न तो कैमरा और गमछा लपेटकर कामत पे रख आइए और चलिए हमारे आँगन...बाबू आज हटिया से माछ लाए हैं...नए धान का भात पकेगा। गाम को जीना है न तो पहले गाम का अन्न-जल गरहन करिए...तभी हमलोगों को जान पाइएगा!"

चाँदनी रात में गाँव की खूबसूरती और बढ़ जाती है। धूल उफनी सफेद सड़क रात में उस प्रेमी की तरह नजर आती है जिसका प्रेमी हर दिन फिर से मिलने का वादा कर अपने घर निकल जाता है। हम उसी सड़क पर टहल रहे थे। उसने मेरा हाथ थामते हुए कहा, ''चाँद को देख रहे हो न, मेरे लिए तुम वही हो क्योंकि तुमने ही मेरी जिन्दगी में चाँद की रोशनी फैलाई है।''

उसकी इन बातों को सुनकर मैं मन–ही–मन सोचने लगा कि उसकी ऐसी ही बातों ने मेरे जीवन के अमावस को खत्म किया है...

भादों की रात थी। कुछ देर पहले बारिश थमी थी। मेढक की आवाज टर्र-टर्र संगीत की तरह कमरे में पहुँच रही थी।

उसने बिछावन पर लेटे-लेटे कहा, "तुम मेढक की आवाज को संगीत की तरह सुनते हो न! तुम एकदम नहीं बदले..." कि तभी एक साथ कई कुत्तों के भौंकने की आवाज सबकुछ पर हावी हो गई। मानो मधुर संगीत का किसी ने अतिक्रमण कर लिया हो। वह करवट बदल कर उसे मुस्कुराते हुए निहारने लगा।

पोखर से उसे अजीब लगाव था। कई बार तो मुझे उस पर शक होने लगता कि उसे पानी से प्रेम है या फिर मुझसे।

तपती दोपहर में पीपल की छाँह तले पोखर के मुँडेर पर बैठे हम दोनों चुपचाप ठहरे पानी को देख रहे थे, तभी एक मछली की छपाक ने हमारी चुप्पी को तोड़ डाला।

मछली को देखते ही वह बोली, "जानते हो, मेरे लिए यह जीवन पहले ठहरा हुआ पानी ही था लेकिन तुम्हारे आने के बाद मैं इस जल की मछली बन गई हूँ..."

उसके जवाब ने मेरे भरम को जैसे एक झटके में तोड़ दिया और मैं मुस्कुराने लगा।

धान सहेजने की तैयारी चल रही थी। बोरे में धान को रखा जा रहा था, तभी वह बाहर आई और सीधे सवाल दाग बैठी, "धान को बोरे में क्यों रखते हो, बखारी में क्यों नहीं?" उसके सवाल ने मुझे अचरज में डाल दिया।

मैंने पूछा, "'बखारी' शब्द कब से जानने लगी तुम?"

बोली, "अब हम भी कोसी के हो गए हैं, जान गए हैं कि बाँस से घर बनाकर बखारी बनाई जाती है, अन्न रखने के लिए...अब तो मैं तुम्हें और तुम्हारी किसानी को समझने-बूझने लगी हूँ न..." इतना कहना था कि खुद ही ठठाकर हँस पड़ी। प्यार ऐसे ही पगता है शायद!

"स्नेहा, चलोगी पश्चिम वाली कदम्ब-बाड़ी ? वहाँ शाम ढलते ही पहाड़ी चिड़ियों का झुंड आ जाता है। जोगेसर काका कहते हैं कि नेपाल से ये चिड़ियाँ आती हैं।"

"हाँ-हाँ, चलो।"

"स्नेहा, ये लाल रंग का जंगली फूल तुम्हारे कान के ऊपर बहुत सुन्दर लगेगा, कर्ण-फूल की तरह। किसानी ने इस बार सोना खरीदने लायक नहीं छोड़ा है, लेकिन यह देसी कर्णफूल ही सही! लगाओगी..."

"अरे यार, यह भी भला पूछने की बात है? हाथ बढ़ाओ और खुद से लगाओ...फिर हम एक सेल्फ़ी लेते हैं कदम्ब के खेत में...मैं तो यहाँ कितनी खुश हूँ, क्या बताऊँ! गाँव में तुमने मुझे फूल-पत्तियों के बीच यों ला दिया है कि अब यहाँ से जाने का मन ही नहीं करता। चलो, आज इस सेल्फ़ी को फेसबुक पर डालते हैं। अर्चना ने कल व्हाट्सएप्प में तस्वीरें भी माँगी थीं, पहले उसे भेज दूँगी; फिर फेसबुक पर। वैसे हम दोनों की ख़ुशी को इस जंगली फूल ने और भी रंगीन बना दिया है न, तस्वीर में?"

"हाँ स्नेहा, बिलकुल...ये फूल हमारी खुशियों के रंग ही तो होते हैं..."

"स्नेहा, ये लो कनैल के फूल।"

"अरे, नहीं बाबा, माँ बताती है कि इस फूल से जो दूध जैसा रस निकलता है न, इससे आँखें खराब हो जाती हैं!"

"अरे, हम तो भर-भर अँजुरी बचपन में लिये फिरते थे, खेलते थे। फूल तो छोड़ो, हम इसके फल से बीज निकाल कर खेलते। जानती हो, कैसे होते हैं वे? ठीक तुम्हारी बड़ी-बड़ी आँखों जैसे...वैसे ही कटावदार भी। रंग जरा भूरा। अब तो आलम यह है कि इन्हें देखता हूँ और तुम मेरी आँखों में उतर आती हो, स्नेहा! मैं क्या करूँ, इसी फूल ने मुझे तुमसे प्यार करना सिखाया है। यह केवल फूल नहीं है, यह तुम्हारे अहसास की शक्ल बन चुका है! जब तुम मुझसे दूर रहती हो, तब यह मुझे तुम्हारी तरह लगने लगता है। काम खत्म होने के बाद कमरे की खिड़की से इसके पेड़ को निहारना बहुत सुख देता है, गहरा सुख...हरे रंग के पत्तों में पीले रंग का फूल...मानो तुम हरे-पीले रंग की सूट में सामने बैठी हो...इसके बिना तो अब जैसे तुम्हारी कल्पना भी अधूरी-सी है..."

"ओह, तो ये बात है! लेकिन सामने हूँ तब इसमें क्यों खोए हो?"

"अरे, प्रकृति तो बैकग्राउंड म्यूजिक है तुम्हारे होने की सुन्दरता का! इसको माइनस करके प्रेम का कैसा धुन बनेगा भला, स्नेहा..."

"स्नेहा, इस गाँव में एक स्कूल खोलने का इरादा है। एक स्कूल जहाँ आजादी होगी हँसने-खिलखिलाने की, खुल कर बोलने-चिल्लाने की, पेड़ पर चढ़ने और दीवार पर अपनी कल्पना के चित्र हूबहू बनाने की..."

"क्या बात है आशीष! आज सुबह-सुबह तुमने तो दिल की बात कह दी। जानते हो, उस स्कूल में हम बच्चों को बोलना सिखाएँगे। याद करो, एक बार नार्थ कैम्पस की आर्ट फेकल्टी में तुमने क्या कहा था...बिहारी बोलने में झिझकते हैं...अपनी बात खुलकर रख नहीं पाते। बोलने का शऊर और आत्म-विश्वास हम खुद में हमेशा कम पाते हैं। चलो, अब हम बच्चों को बोलना सिखाएँगे, डियर! वैसे ही, जैसे मैंने तुम्हें सिखाया..."

स्नेहा आखरी वाक्य कहते-कहते शरारती मुस्कान से बाज नहीं आई।

"इसमें कहाँ शक है, स्नेहा, तुमने मुझे बहुत कुछ सिखाया है! एक मजे की बात बताऊँ, हम बिहारी लड़कों को दिल्ली में लड़कियों से जाने कितनी बातें सीखने को मिलती हैं। कल्पना करो कि हमें वहाँ लड़कियाँ न मिलतीं कभी..." इससे पहले कि आशीष अपनी बात पूरी करता, स्नेहा ठहाके लगाती हुई उस पर टूट पड़ी थी...

गाम के काली मन्दिर में वह हर शाम आरती करती। कंठ इतना मधुर कि कोई भी खिंचा चला आए। स्नेहा को मन्दिर के करीब लाने में उसका हाथ था। दिल्ली में रहते हुए वह कभी मन्दिर नहीं गई, लेकिन यहाँ हर शाम उषा बहन की आवाज उसे मन्दिर के भीतर पाँव रखने के लिए मजबूर करती थी। उषा को पति ने छोड़ दिया था। सिलाई से घर चलाती, अकेले रहती...

स्नेहा ने एक बार कहा था, ''उषा 'दी में मीराँ बसती हैं। उनकी आवाज कोई तो सुन रहा होगा। मन्दिर के घंटे की गम्भीर गर्जना के साथ उषा 'दी की स्तुति कितनी मधुर लगती है, आशीष। यह गाँव मुझे कितना कुछ दे रहा है...और मैं क्या दे रही हूँ इसे?''

''अरे नहीं, तुम बहुत कुछ दे रही हो। देना-लेना लगा रहता है जीवन में। माटी से मुहब्बत कोई कम बड़ी बात है, स्नेहा? वही असल है। चलो, आज हम दोनों मिलकर मन्दिर में उषा 'दी के संग आरती की तैयारी करेंगे...

''नहीं, हमें इनका विवाह कराने के बारे में सोचना चाहिए।''

... ...

आज जब उषा बहन अपनी नई ससुराल विदा हो रही थी और गाँव-भर की आँखें भींगी हुई थीं...

"बच्चों की बात मत करो, यार! तुम भी न आशीष...तंग करने की आदत तुम्हारी गई नहीं है। अभी हमें बहुत काम करना है। वैसे आशु, जान लो, बेटे की शादी में कुछ नहीं लूँगी मैं। न फ्रीज, न कालीन...न गहना...कुछ नहीं..."

"क्या बात है, स्नेहा रानी! लेकिन सोचो, यदि बेटा तुम्हारा नमाज पढ़ने वाली या रविवार को गिरिजाघर जाने वाली बहूरानी ले आए तब?"

"आशीष, बस तुम्हारी यही आदत मुझे नापसन्द है...ख्याली दुनिया में ले जाते हो पहले, फिर जहाँ मौका लगा, बात पलट देते हो... वैसे हमलोग सपना सुन्दर देख लेते हैं, आशीष...सेक्युलर सपना!

"आज पीएम की रैली है। तुम चल रही हो न, स्नेहा?"

हाँ, चलो देखते हैं। वैसे आशीष, एक चीज है। इश्क़ और राजनीति में घोषणा-पत्र और वादों का कुछ होता तो है नहीं। देखो न, मंच से कितने बड़े-बड़े वादे करते हैं सब। उससे पहले घोषणा-पत्र जारी करते हैं, लेकिन होता क्या है, यह तुमसे बेहतर कौन जान सकता है, है न!"

"ऐसा क्यों, क्या मैं तुम्हें नेता लगता हूँ!"

"नहीं रे, मैं तो तुम्हारे इश्क़ के घोषणा-पत्र की बात कर रही हूँ। तुमने आज खेत-खलिहान के बाद नदियों के आस-पास बसी मछुआरों की बस्ती घुमाने का वादा किया था। किया था न? और ले कहाँ जा रहे हो? मोदी की रैली। ऐसा ही कुछ वहाँ भी होगा। कितने वादे होंगे, ये तो तुम्हें भी पता है और मुझे भी। चलो, वह भी सही। साथ चलने का वादा तो निभे..."

"इस चुनाव ने मन को तोड़ दिया है, स्नेहा! यार, तुम तो रहती हो दिल्ली में, लेकिन यहाँ किस तरह का दबाव झेलना पड़ रहा है, कैसे बताऊँ तुम्हें...माँगने आए थे वोट और गाँव में बात करते थे जानवरों की। गाय–सूअर और न जाने क्या–क्या! कान फूँकते रहे दिन–भर टोला के लोगों के। यह सब देख–सुनकर मन टूट जाता है, यार! गाँव में खेती–बाड़ी की बात दो मिनट भी नहीं करेंगे, लेकिन धरम के भरम में फँसाने की जुगत में घंटों रह जाएँगे गाँव वालों के बीच।"

पूरी बात सुन कर स्नेहा ने बड़े प्यार से कहा, "कुछ दिनों के लिए दिल्ली आ जाओ। कान में उन लोगों ने जो भी फूँका, सुन ही लिए हो...अब आ जाओ यहाँ...हम दोनों शिप्रा मॉल में बैठकर कोल्ड कॉफी की चुस्की लेंगे...फैलाने दो उन्हें भरम...लोग अब सुनते नहीं इन सब बातों को। बेकार में लोड मत लो, चिल्ल मारो यार!"

डिग-डिग-डिग...डम-डम-डम...संथाल टोले से लगातार आवाज आ रही थी।

"आज फिर कहीं जमीन को लेकर संघर्ष हुआ है", जोगो काका ने कहा।

इस तरह की आवाज को यहाँ के लोग केवल संघर्ष से जोड़कर देखते हैं, जबकि यह संगीत है, इसे समझ ही नहीं पा रहे हैं। संथाल टोले जाकर पता चला कि कल्याण टूट्टू की बेटी की शादी है। हाय रे लोगबाग, हाय! आशीष सोचता है कि अभी भी लोग यहाँ पुराने दिनों में जी रहे हैं। संथाल मतलब जमीन को लेकर संघर्ष; जबकि उनके जीवन के अपने लोकरंग हैं, गीत-नाद हैं, कोई उसमें नहीं झाँकना चाहता...

आशीष कहीं खो गया है कि तभी कल्याण टूट्टू सामने आता है और कहता है, "अरे, तुम बाबू, तुम बेटी की शादी में आए हो! शगुन लगेगा..." आशीष जेब टटोलने लगता है...धान की एक पुष्ट बाली काले रंग के कुर्ते की जेब से बाहर निकल आती है...याद आता है, उसे यह कुर्ता स्नेहा ने कमला नगर मार्केट से खरीदकर दिया था। आज खेत से पहली बाली उसे ही भेजने को तोड़ रखी थी।

देखो तो, दिल्ली की जेब आज गाँव में काम आ गई!

फेसबुक पर सैकड़ों हँसती–खिलखिलाती होली की तस्वीरों में स्नेहा की सेल्फी देख रहा हूँ। उसकी हँसी में आज फिर मुझे आबाद खेत दिख रहा है, जिसके आल पर बरसात के मौसम में पीले रंग के फूल के हरे–हरे जंगली पौधे उग आते हैं...

ओह, क्या लिख डाला सोचते–सोचते...स्नेहा तो इसे पढ़ते ही सच में जंगली हो जाए शायद कि मैं उसकी तुलना जंगली फूल से कर रहा हूँ...इस स्टेटस को तो डिलीट ही कर देता हूँ। कि तभी मैसेज बॉक्स में स्नेहा की तस्वीर की हरी बत्ती जल उठती है—

'क्या हो रहा मेरे जंगली किसान।'

"कितनी अजीब, लेकिन कितनी करीब लगती है यह लड़की?
जब हम पहली बार मिले थे, तुमने यही कहा था न, आशीष?"
"हाँ, स्नेहा, याद है मुझे। यही कहा था...तुम्हें मुखर्जी नगर का वह कमरा याद है न, बिन खिड़की वाला...और वह रेडियो...एक फोटो फ्रेम, जिसमें गालों पर गुलाल पुती एक लड़की की तस्वीर थी... जिसे तुम हर बार देखती थी, लेकिन पूछती कुछ नहीं थी। तुम जलती थी न उससे! जानना चाहती थी कि वह है कौन और पूछती भी नहीं थी।"
"अरे आशीष, रहने दो उस फोटो फ्रेम की बात। मेरी सुनो, आलू पराठे याद हैं कि नहीं कैम्प के? और वो मसालेदार मैगी?"
"हाँ, 20 का एक प्लेट और उसी में हम दोनों खुश हो लेते थे..."

"आज शाम ढलने के साथ ही मुझे भी वे सब बातें याद आ रही हैं, जहाँ से हम दोनों की यात्रा शुरू हुई थी। हाँ, यात्रा ही है, प्रेम मेरे लिए यात्रा ही है..."

"आशीष, मुझे पता था कि तुम्हारी यात्रा के हर पड़ाव में तुम्हारा गाँव होगा, खूब हरियाली होगी...मैं जानती हूँ, तुम पड़ाव को कभी मंजिल नहीं मानोगे; लेकिन अभी तो कुछ दिन आराम करो...रमे रहो अपने गाँव में। अच्छा सुनो, फिर थोड़ी देर में चैट करेंगे...जरा मैं दूध लेती आऊँ पहले। आजकल देर शाम में बाहर निकलने से बचती ही हूँ...और तब तुम्हारा यहाँ न होना और ज्यादा महसूस होता है, माय लव, क्या कहूँ..."

जा–जा रे जमाना, हाय!

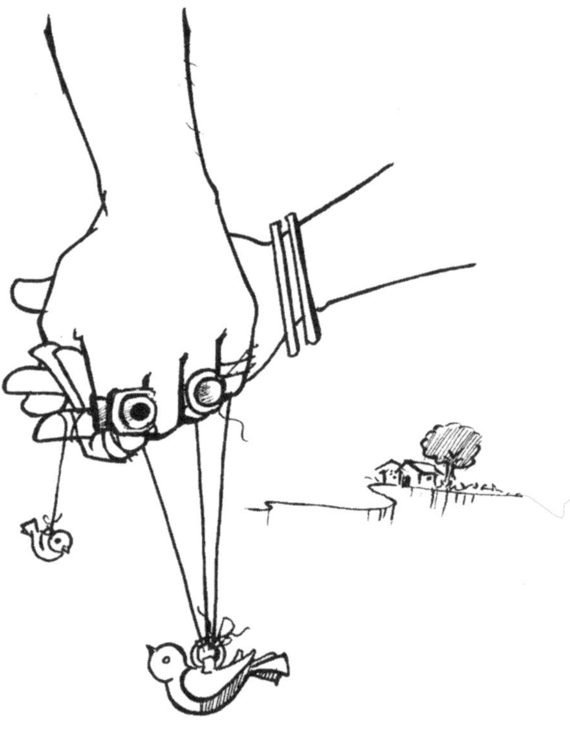

दोपहर का वक्त था। गाम के दक्षिण टोले से गुजरते हुए आँखें अचानक थम जाती हैं। धूल उड़ाती पगडंडी पर उसे देखते ही मन कह उठता है—'अपरूप-रूप!' पूरैनिया के मशहूर जौहरी माणिक दा पुराने पत्थरों को देखकर ऐसे ही बोलते हैं, बांग्ला टोन में। जब भी कोई बेशकिमती रत्न उनके हाथ आता है, वो बोल उठते हैं—'अद्भूत, इ टा अद्भूत रत्न!'

राय टोले के उमेश को ऐसे ही एक 'अपरूप-रूप' से प्रेम हुआ था। उसके लिए वह एक रत्न थी। खेत-खलिहान, बाग-बगीचा और गाय-बैलों के बीच भी वह इसी को खोजता रहता था। उमेश ने उसका नाम रूपा रखा था। खेत में अपना काम पूरा कर वह रूपा की हथेली पर हाथ फेरते कहता था, "तुम्हारी उँगली थामकर मैं कहीं भी जा सकता हूँ। तुम चलोगी न?"

रूपा ने कुछ विलम्ब के बाद धीरे से कहा, "मैं मुसहर हूँ, तुम्हारे माँ-बाबूजी मार ही देंगे तुम्हें...समझ रहे हो? जात बीच आ गई हमारे, क्या करोगे? तुम तो राय हो...तुमलोगों की बिरादरी की दीवार भी तो बड़ी पक्की है। हमलोग की दीवार तो मिट्टी की समझो। कोई एक धक्के में तोड़ दे। लेकिन तुमलोग?"

उमेश को आज वह दिखा जो कभी दिखा न था!

बहुत सोच–विचार कर रामप्रवेश उस दिन ब्लॉक गया था, मुखिया के नमनेसन के लिए। सबने कहा था कि इस बार दलित बनेगा मुखिया। सीट रिजरब हो गया है हरिजन के लिए। रामप्रवेश के सिर पर भूत सवार हो गया, लेकिन उसे यह नहीं पता था कि इसके लिए कन्धे पर मालिक का हाथ चाहिए। कम–से–कम पाँच लाख रूपिया चाहिए आजकल यह चुनाव लड़ने के लिए भी। वह तो निपट अकेला है! बस, एक कट्ठा जमीन है और एक बेटा जो नशे में डूबा रहता है...बहू है जो मालिक की हवेली में बरतन–चौका करती है। फिर किसके बल पर चुनाव लड़ेगा!

ब्लॉक की चहलकदमी में रामप्रवेश कहीं खो गया, उसे मुखिया की कुर्सी दिख रही थी, बस...लेकिन जब वह बीडीओ साहेब के कमरे में नमनेसन के फारम पर अपना अँगूठा लगा रहा था तभी पीछे से एक आवाज आई—सुनी हुई–सी...हर रोज सुनी जाने वाली आवाज... मालिक के साथ यह तो रामप्रवेश की अपनी ही बहू थी! नमनेसन कराने आई थी वह तो!

रामप्रवेश जहाँ खड़ा था, वहीं धम्म–से बैठ गया। मानो किसी ने जोर से धक्का मारा हो छाती पर। बीडीओ आफिस के बाहर रामप्रवेश की बहू हाथ जोड़कर लोगों का अभिवादन कर रही थी, उसके पीछे खड़े मालिक मुस्कुरा रहे थे...गुलाल उड़ाई जा रही थी...उधर, ब्लॉक के पीछे बस्ती में रामप्रवेश का बेटा नशे में लुढ़का पड़ा था...सबकुछ से अनजान...

रामप्रवेश सोच रहा था—'आखिर मरजाद के बन्धन में यह भी कहाँ तक बँधी रहती, जब नेह की गाँठ ही नशे में जाने कब की सरक चुकी है...'

"सुरेश बाबू, आज तो बड़ी चहल–पहल है आपके दुआर पर! कोई खास बात? माहौल तो भोज जैसा लग रहा है!"

"हाँ, राधा बाबू। दरअसल, आज हम चारों भाई का आपसी बँटवारा है। सब लोग बँटवारे के लिए लड़ते हैं, लेकिन हमने तय किया है कि राजी–ख़ुशी बाँट लेंगे जमीन–जायदाद। आप तो सन 60 से इस घर को देख रहे हैं...अब हम सब भाई बड़े हो गए हैं...सबका परिवार बढ़ गया है...अब सबका चूल्हा अलग हो जाएगा...सोचे, अन्तिम बार आज हम चारों भाई आँगन में एक साथ बैठकर खा लें।"

"सुरेश बाबू, आपने भाइयों को बाप की तरह पाला है, इसलिए ऐसा बोल रहे हैं। सब कोई ऐसा थोड़े करता है! और क्या आपका मन लगेगा इस जहाज की कप्तानी छोड़कर?"

"राधा बाबू, वो क्या है न कि बिन बाप के घर का बड़ा बेटा बहुत जल्दी बाप बन जाता है...सब भाई–बहन को वह अपनी सन्तान न समझे तो पाले कैसे! और मेरी कप्तानी की आपने खूब कही...लेकिन, आप समझ सकते हैं, घर बाहर से नहीं, अन्दर से बँधता है। वह कला जिनको आती थी, वह तो मुझे अकेला छोड़कर चली गईं...बाकी, आप समझ सकते हैं..."

गाम के कबीराहा मठ के कुलेसर बाबू हर रविवार को कबीर की बानी बाँचने जब भी बैठते तो वहाँ हर कोई उन्हें बस सुनता और उनकी बानी में खो जाता, लेकिन एक थी जो उन्हें सुनने नहीं बल्कि महसूस करने आती थी। कबीर बानी सुनकर सब जब चले जाते तो वो मठ के पीपल के पेड़ के पास बैठ जाती और कुलेसर बाबू से सवाल जवाब करती...कबीर को जानने की कोशिश करती।

एक दिन आखिर उसने हिम्मत करके कुलेसर बाबू को कबीर की वो वाणी सुना ही दी, जिसमें कहा गया है—'नैनों बीच नबी है...'

सोने से पहले का सारा काम निपटाकर सलेमपुरवाली कमरे में घुसी और किवाड़ की सिटकनी लगाकर बिस्तर पर आई तो देखा कि नागो तो सो चुका है। उसने धीरे से पूछा, ''सो गए क्या?''

नागो ने आँख मूँदे ही कहा, ''हाँ।''

सलेमपुरवाली ने बिस्तर पर बैठे-बैठे कहा, ''तुम इतना गुस्सा क्यों करते हो? जीवन-भर मर-खप कर धन जोड़ते रहे...अब तो गुस्सा कम करो...''

नागो ने आँख खोलते हुए कहा, ''जीवन में जो कुछ कर रहे हैं वो तुम्हारे लिए ही न...जानती हो, ये गुस्सा भी हम तुम्हारे लिए ही करते हैं ताकि तुम अब किसी के यहाँ काम न करो...अच्छा नहीं लगता... ।''

नागो की बातों में सलेमपुर वाली खो गई...वैसे ही जैसे पहली बार शादी के बाद उसकी नजरें टकराई थीं नागों की आँखों से...

बाँस की बाड़ी में वह दोपहर से चुपचाप बैठ जाती थी, हर रोज। पता नहीं क्या सोचती रहती थी। पिछले तीन-चार साल से उसका यही काम था। साड़ी की खूँट उँगली में लपेटे वह क्या सोचती थी, किसी को नहीं पता था। पता भी कैसे चलता, वह बोलती नहीं थी।

सुलेखा काकी ने कहा कि वह गूँगी नहीं है, लेकिन बोलना नहीं चाहती। बचपन में ब्याही गई थी, बड़ी हुई तो पता चला; लेकिन किससे ब्याही गई उसे नहीं पता।

हरे रंग की साड़ी उस पर खूब जँचती है। दाहिने हाथ में गोदना करवाया है, 'शेखर' लिखा है काले अक्षरों में। पता नहीं, यह शेखर कौन है और कहाँ होगा! शायद शेखर एक कहानी हो उसके लिए। वोटर लिस्ट में उसका नाम विनीता है, लेकिन गाम में सब उसे बौकिया कहते हैं। दोपहर ढलते ही बाँस-बाड़ी से वह घर निकल जाती है।

एक दिन जब वह घर निकल रही थी तो पीछे से मैंने आवाज दी, "विनीता!"

वह चौंक गई और अचानक बोल पड़ी, "शेखर!"

खेत के 'आल' पर जामुन का एक पुराना पेड़ है। गाम–घर में इसे भुतहा पेड़ कहते हैं। इसकी छाया में उमेश और रूपा ने कई दोपहरें गुजारी हैं। लगभग हर दोपहरी दोनों यहाँ बैठते। कभी उमेश पहले आता तो कभी रूपा। वैसे अक्सर उमेश ही रूपा की राह देखता रहता था।

एक दिन रूपा ने उमेश से पूछा, "जेठ की चढ़ती दोपहरी में काम करनेवाले भी अब गीत नहीं गाते हैं क्या? माँ कहती है—अब कामत पर मालिक सब भी मशीन ले आए हैं, ऐसे में काम का गीतों से अब कोई लेना देना नहीं रहा।"

रूपा की बातें सुनकर उमेश ने मुस्कुराते हुए कहा, "मेरी अपरूप-रूपा, जो हाल है, उसमें देखना...कुछ दिनों बाद कोयल भी कूकना भूल जाएगी। हमारे जब बच्चे होंगे...और वे जब बड़े होंगे तो दोपहरी का सन्नाटा उन्हें काटेगा और वे गाँव छोड़कर शहर भाग जाएँगे। यही होगा रूपा...यही सत्य है..."

चलती हुई जीप की खिड़की से सभी ने अपने गाँव को देखा। पीछे छूटते हुए बाग–बगीचे, कदम्ब का बूढ़ा पेड़, भोला बाबा का मन्दिर, रघुवीर बाबा के दालान की फुनगी, मस्जिद...जीप ने स्पीड पकड़ी और देखते–देखते गाँव आँखों से ओझल हो गया। सभी के चेहरे पर पंजाब के खेतों की छाया उतर आई...

नंदकिशोर को घरवाली का रोता हुआ चेहरा झिलमिल मन में दिख रहा था!

सुरबत्ती जब से शहर से लौटी है, गुमसुम-सी रहती है। दोपहर को नहाने-खाने के बाद अखिलेसर सुरबत्ती के करीब आ बैठा और पूछने लगा, "देखता हूँ, आँधी-तूफान के बाद से गाम में तुम्हारा जी नहीं लगता है? शहर जाना चाहती हो? वैसे भी तूफान और तूफान के बाद भूकम्प, एक के बाद एक बिपदा! यहाँ बचा ही क्या है अब...कहो तो सबकुछ छोड़कर शहर निकल चलते हैं..."

चौंकती हुई सुरबत्ती ने कहा, "अरे, का हो गया है तुमको? कहो तो, ऐसी अलच्छन-भरी बातें भला करता है कोई! शहर में ही बसना था तो क्यों आती तुम्हारे पास..."

आँगन के एक कोने में सुमन आज चुपचाप बैठी थी। आँचल की खूँट को उँगली में लपेटती हुई। तभी दरवाजे पर किसी ने दस्तक दी। सुमन की नजरें उठीं। पूरा आँगन उसके कदम-भर रखने से चहक उठा था, जैसे दसबजिया फूल खिल गया हो! सुमन की आँखें उसे पहले जी-भर के देखती रहीं और फिर वह किसी झोंक में बिना रुके कहती चली गई—
''इतने दिनों बाद हम याद आए तुम्हें...माना कि हम शहर के लोगों की तरह नहीं हैं...सुन्नैर भी नहीं हैं, लेकिन तुम्हारा पहला प्यार तो हम ही हैं न! और तुम, तुम शहर में काम करते हुए मुझे ही भूल गए? याद है न लीची-बाड़ी में पहली बार तुमने क्या कहा था...लाल रंग के आलता का बोतल थमाते हुए तुम्हारी आँखें मुझे कैसे देख रही थीं तब...तुम सबकुछ भूल जाओगे, लेकिन तुम्हारी हरेक बात मेरी छाती में धड़कती है। आखिर क्यों बैठी रहूँ इस आँगन में, कुछ मेरी भी जरूरतें हैं...मैं किससे कहूँगी? टोले के लोग टोकते हैं तुम्हारे नहीं आने को अब...कभी सोचे हो?
अब आज रुकोगे भी या आज ही निकल भी जाओगे...''

"आइए, आइए न आँगन में, बाहर खड़े आप अच्छे नहीं लग रहे हैं। हमारा तो आँगन ही दालान है न। हमारी जिन्दगी के दो हिस्से ही हैं, या तो अन्दर या बाहर। पता नहीं, कैसे आप लोग बाहर में भी कई तरह के हिस्से रखते हैं और अन्दर के भी कई हिस्से। ओह, आइए न...क्या हुआ बाबू साहेब, लजा रहे हैं क्या आँगन में आने में?

हम तो जब आपके दुआर पर आते थे तो आप मूँछ मरोड़कर जाँघ ठोकने लगते थे...बन्दूक चलता था न ख़ुशी में! जा रे जमाना, ओह! खाली चाह पीजिएगा या पहले चूड़ा खाइएगा?"

"नहीं, आज कुछ मन नहीं है, कुलवंती...बस, तुम्हें नजर-भर देखने चला आया। बहुत दिन हो गए थे...वैसे ये दुआर पर शीशा क्यों टाँग रखा है?"

"शीशा तो इसलिए बाबू साहेब कि आने-जाने वाले सभी दुआरी लाँघने से पहले अपना चेहरा देख लें और जाते वक्त भी फिर से देख लें। खेला तो चेहरा का ही है न, बाबू साहेब! वो चाहे मेरा हो या फिर आपका...

वैसे, एक बात कहूँ...ठकुराइन के गुजरने के बाद से देह बहुत तेजी से दुबरा रही है आपकी...अपना ख्याल काहे नहीं रखते?"

"**रामवचन** बाबू, पहचान रहे हैं हमें? अरे, कैसे पहचान पाइएगा। मैं सुनीता हूँ।"
चम्पा नगर के दुर्गापूजा मेले में 60 साल के रामवचन बाबू बच्चों के लिए मिठाई खरीदने आए थे और संजोग देखिए, मिठाई की दुकान सजाकर बैठी है यहाँ सुनीता। 30 साल पहले की सारी कहानी रामवचन बाबू की आँखों के सामने नाचने लगी। ब्राह्मण होकर साहजी की बेटी सुनीता से कैसे विवाह करते!
"आप सबकुछ भूल चुके हैं रामवचन बाबू, लेकिन मैं नहीं। मैं अभी भी उसी राम की हूँ...जलेबी लीजिएगा न? मेरी तरफ से एक किलो और ले लीजिए, घर परिवार के लिए। वैसे आपने ही कभी इसी मेले में झुमका खरीदकर देते हुए कहा था कि इश्क़ में भूलते नहीं हैं लोग, लेकिन अब तो आप चश्मा लगाने लगे हैं। चश्मा उतारकर देखिएगा, तब न सब पुराना दिखेगा! कान में अभी भी वही झुमका है राम बाबू, चमक एकदम बरकरार..."
रामवचन बाबू कभी हाथ में जलेबी की पॉलीथिन को देख रहे हैं, कभी हलवाईन सुनीता को।

"कहते हैं ना कि पेट का मर्ज और बाप का कर्ज आदमी को चिड़चिड़ा बना देता है। यही हुआ अजय के साथ। बाप के जाने के बाद कर्ज में डूबकर यह आदमी पागलों की तरह हरकत करने लगा है। आप ही करिए कुछ, आशीष भाई। इसे रास्ता दिखाइए।"

"क्या करें, जोगो काका! बाप का कर्ज भी कोई कर्ज होता है। मैं तो मानता हूँ कि जिसके सिर यह कर्ज न चढ़ा हो, उसकी जिन्दगी ही अधूरी है। जरा बाहर तो बुलाइए अजय को। अजय को प्रेम दीजिए आपलोग। अभी इसे उसी की जरूरत है। कर्ज का क्या है, वह तो उतरने के लिए ही चढ़ता है।"

"अरे, आप तो खुद ही समझदार हैं। अब क्या वह हमलोगों के प्यार-भर से सँभलेगा ? आपसे क्या छुपाना, जो उसे अपने प्यार से सँभाल सकती है, वही अजय की परेशानी समझने को तैयार नहीं है। यह राई-भर खीजता है किसी बात पर, वह सर पर पहाड़ उठा लेती है। घर का किस्सा क्या-क्या कहा जाए..."

"जोगो काका, तब तो बात सँभलेगी नहीं...रुपए का अभाव हौसला नहीं तोड़ता, नेह-छोह का अभाव जरूर तोड़ देता है..."

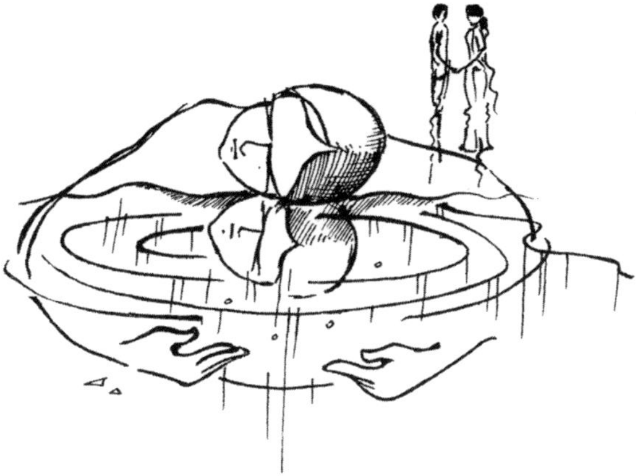

"किसी को मालूम भी नहीं होगा कि आप मेरे साथ मेला देखने गई हैं। सुबह जाना है, शाम तक लौट आना है। हम डेरा से अलग-अलग निकलेंगे। सवारी गाड़ी पकड़ेंगे और चम्पा नगर में साथ हो जाएँगे, कारी कोसी पुल पर।"
फूलमेन ने सपने में भी नहीं सोचा था कि कोई उसे इतना प्यार करता है, वो भी घर में। उसका देवर ही उसे चाहता है, यह आज पता चला। पति को तो प्रेम शराब से है। रात-भर फूलमेन अपने देवर अशोक की बातों में डूबी रही और आखिर भोर में वह निकल पड़ी...मन-ही-मन में बुदबुदाते हुए—
"नहीं सोचना अब कुछ..."
चम्पा नगर मेले से पहले कारी कोसी पर दोनों ने एक-दूसरे को कनखियों से देखा और फिर हाथ थामे दोनों मेले की भीड़ में खो गए...कभी न खत्म होने वाली कहानी की तरह...
प्यास को पानी में ही डूबना होता है, भला और कहाँ!

आँधी–भूकम्प के बाद गाम में अष्टजाम–कीर्तन का प्रचलन बढ़ सा गया है। मक्का कटने के बाद पूरब टोले में बाहर से कीर्तनिया समाज आया है। ढोलक की थाप से गाम–घर का माहौल बदल गया है। शाम में कीर्तन के वक्त भीड़ में सुरैया और राजू भी थे। हर थाप के बाद दोनों की नजरें टकरातीं और दोनों सजग होकर दूसरी तरफ देखने लगते...जैसे दोनों की धड़कन बढ़ जाती। तभी कीर्तनिया गाने लगता है—
'नैनों को दर्शन सुख दे दो...नैनों को सुख दे दो...'

'साल में छह महीने बाढ़, महामारी, बीमारी और मौत से लड़ने के बाद बाकी के छह महीनों में दर्जनों पर्व और उत्सव मनाते हैं हमलोग, जान लो यह। पर्व, मेले, नाच, तमाशे—सबकुछ! तुम्हारी दिल्ली की तरह बड़े बाजार या मॉल यहाँ दूर-दूर तक नहीं हैं। साँप-पूजा से लेकर सामा-चकेवा, पक्षियों की पूजा, दर्द-भरे गीतों से भरे-पूरे हुए उत्सव! और हाँ, हार मत मानना कभी, जी खोल कर गा लो, न जाने अगले साल क्या हो?' आशीष को बाबूजी ने यही कहा था जब वह गाँव आया था। यादें उसे पीछे खींच ले जाती हैं। खेती-बाड़ी को लेकर उसके सारे सवालों का बाबूजी ने एक ही जवाब में हल कर दिया था। किसानों को खेतों में फसलों के लिए मेहनत करते देखना उसे नौकरी जैसा ही लगता है। जितनी मेहनत उतनी उन्नति, लेकिन मौसम की मार का क्या करें! आज जब एक बार फिर मौसम की मार ने उसकी सारी फसलों को डुबो दिया तो बाबूजी की बातें यादों में गूँज गईं... तभी खनखनाती चूड़ियों के साथ आँगन से आवाज आती है, "सामा-चकेवा के लिए चिकनी मिट्टी की जरूरत है। पूरब वाले खेत की मिट्टी अच्छी है...मँगवा दीजिए न..."

वह घर नहीं था, ड्योढ़ी थी। गाम में उसे ड्योढ़ी ही कहा जाता था। पुरानी हवेली। सुनैना का ससुराल। फरवरी में शादी हुई थी सुशील और सुनैना की। जब सुनैना ने गाम में कदम रखा था उस दिन ड्योढ़ी को दुल्हन की तरह सजाया गया था। सुशील के पुरखों की ड्योढ़ी थी, एकदम सफेद...लेकिन अप्रैल के भूकम्प ने सुशील–सुनैना के पुरखों की ड्योढ़ी को माटी में मिला दिया। आज दीवाली की शाम सुनैना को उजाड़ आँगन के पुरखों की नींव पर दीप जलाना है। सुनैना की आँखें भरी हुई हैं। सुशील–सुनैना ने सपना देखा था कि इस बार अपनी पहली दीवाली में वे ड्योढ़ी के हर एक कोने को रोशन करेंगे मिलकर...लेकिन क्या से क्या हो गया! सुनैना की छाती में हूक का हुक्कड़ बह रहा है जैसे...वह पूरब कोने वाली ढही दीवार पर दीये में घी डाल रही थी, अचानक सुशील की बहन की आवाज कानों में पिघले मोम–सी उतर आई, "जब से भौजी ने घर में कदम रखा है कुछ भी अच्छा नहीं हुआ है। देखो तो, ऐसी दीवाली होगी हम सोचे भी नहीं थे...पता नहीं और क्या–क्या लिखा है इस ड्योढ़ी के भाग में..."

सुनैना के हाथ काँप गए। तभी सुशील के बोल सुनने को मिले, "क्या बोलती रहती है! मैं तो आज इस बात से खुश हूँ कि इस बदहाली में भी सुनैना का सुन्दर साथ बना हुआ है।"

दूरियाँ अक्सर मन को तोड़ती भी हैं! सुलेखा काकी से लम्बी बातचीत करते हुए अनिरुद्ध अपनी कथाओं को अक्सर विस्तार देता था। वह घंटों सुलेखा काकी के आँगन में बैठता और उनसे बातचीत करता था।

सुलेखा काकी ने गाम को कभी चमकते देखा था, कभी डूबते तो अब राजनीति में लिथड़ते हुए देख रही हैं। वह हमेशा अकेले रही हैं। जब वह जवान थीं तो लोगबाग उनके अकेलेपन पर सवाल उठाते थे।

इस बारे में जब आज अनिरुद्ध ने काकी से पूछा तो वे गहरी साँस छोड़ते हुए बोलीं, "बेटा, मीठे फलों से लदे किस पेड़ पर पत्थर नहीं पड़ते...हम तो स्त्री ठहरीं..."

अनिरुद्ध कुछ और कहता इससे पहले काकी तुलसी-पत्ते की चाह बनाने की बात करती अन्दर रसोई में चली गईं।

टोला में हल्ला बढ़ गया था। जोर–जोर की आवाज आ रही थी। भद्दी–भद्दी गालियाँ समवेत स्वर में कानों तक पहुँच रही थीं। बिसेसर ने साफ़ कह दिया कि अब अर्जुन उसका बेटा नहीं है, सम्पत्ति से उसे बेदखल भी कर दिया। पंच–परमेश्वर भी मान गए। शबाना के अब्बा इस्माइल ने भी बेटी को घर से निकाल दिया।

अर्जुन की गलती थी, उसका शबाना से प्रेम करना और शबाना की गलती थी—अर्जुन से शादी कर लेना। अर्जुन और शबाना की जोड़ी उस दिन इतना कुछ सुनने के बाद भी टोले में खड़ी रही। शबाना की अम्मी ने कहा, ''शुकर मान, जान बख्श दी सबने। जा, अब चाहे जहाँ जा।''

अर्जुन के भाई ने कहा, ''गाँव में हमारा खून जलाने के लिए मत रह। अंजाम अच्छा नहीं होगा।''

अर्जुन ने पलट कर कहा, ''आप लोग यहीं रहिए, कीर्तन करते हुए, झाल बजाते हुए, टोपी वालों से नफरत सुलगाते हुए... हमलोग खुद ही जा रहे हैं यहाँ से दूर...जहाँ इश्क़ का कीर्तन हम आजादी से कर लेंगे, वही रहेंगे...''

सुनैना की शादी की बात चल रही है इन दिनों। मोतिहारी से लड़के वाले आए हैं। रात के भोजन के बाद लेन-देन की चर्चा शुरू हुई। कोई लम्बी बातें नहीं। मोतिहारी से आए बिन्नू बाबू ने बातचीत में 'मगर' की रस्सी लगाते हुए कहा, "सब बात ठीक है, रमेश बाबू। लड़की तो पसन्द है, मगर...नगद पर भी बात हो जाती..."

दूसरे कमरे में सुनैना सब बात सुन रही थी। उसे अपने पिता का चेहरा याद आ रहा था। नगद शब्द और 'बेटी का बाप होना'—इस गणित में सुनैना उलझ गई थी। उसे आज सुरेश की याद आ रही थी, बिन पैसे के ब्याह की बात सुरेश अक्सर करता था, लेकिन कहाँ चला गया सुरेश...सुनैना के नेपथ्य का अभिनेता!

"साइकिल है मेरे पास। छुट्टी के बाद घूमने चलोगे? मैं चलाऊँगी, तुम आगे बैठना। कितना मजा आएगा न..."

"अरे, पागल हो क्या? सब क्या कहेंगे—लड़की ही लड़के को घुमा रही है, वो भी आगे बैठा कर!"

"अच्छा, अब लोगों की फ़िक्र होने लगी तुमको, राजीव बाबू, वाह जी वाह! साइकिल लड़के चलाएँ और लड़की उनके आगे बैठे, यह किसी डॉक्टर ने कहा है क्या? तुम बैठोगे आगे या नहीं, सोच लो..."

"अरे, सुनो तो! इंटर की परीक्षा होने दो। जब पटना पढ़ने चला जाएगा न, तो तुम चलाना। तब मैं आगे बैठूँगा।"

"अच्छा जी, क्या पटना में सब लोग विदेशी रहते हैं जो वहाँ तुमको उनकी परवाह नहीं रहेगी! वहाँ भी तो गाँव से लोग आते-जाते हैं! फिर? देखो मि. अगर-मगर, सोच लो, सोच-समझ कर मेरे साथ आओ। मैं तो साइकिल खुद चलाऊँगी और अपना कैरियर भी अपने मुताबिक चुनूँगी...अपने अगर-मगर तुम पहले खुद ही सुलटा लो।"

अब आपकी बारी

'इश्क़ में शहर होना' में रवीश जी ने लिखा था, 'हम शहर में गाँव के लिए रहते हैं।' इस किताब के रेखाचित्र बनाते हुए इन शब्दों के वजन को मैं समझ पाया हूँ। वो कशमकश...अन्तर्मन का वह द्वन्द...कि क्यों वह अपने दोनों पैर शहर में नहीं रखना चाहते! अपने आप से वह संघर्ष मैंने अपने पिताजी में देखा था! 'नन्द बाबू' जिनका गाँव जाना किसी प्रवासी पक्षी की तरह ही होता था, जहाँ जाने से पहले ही उनके लौटने की तारीख पूरे गाँव को पता होती थी! 15 दिन वह इनसान उस गाँव, घर, आँगन, खेत, पोखर—सारे रिश्तों को बस ये साबित करने में गुजार देता था कि आज भी वह इसी गाँव का है!

'गाँव' शब्द का जिक्र आते ही सादगी, प्रकृति, स्नेह, सहनशीलता और विस्तार भी नजर आता है! कोई दीवार या छत नहीं, वहाँ सब कुछ सबका है! पर गिरीन्द्र जी की कहानियों में हर दिन यह सब 2-2 सेंटीमीटर कम होता हुआ नज़र आता है! इन कहानियों में जहाँ रिश्तों का गँवईपन है तो वहीं भावनाओं का शहरीकरण भी! इतनी विषम परिस्थितियों के बावजूद गाँव अन्दर से विभाजित नहीं है!

प्यार की हर पंक्ति में गाँव है तो गाँव की हर पंक्ति में प्यार! आभार गिरीन्द्र जी का, जिनके कारण बालकनी के चार गमलों की हरियाली के बीच इन कहानियों के माध्यम से मैंने चाँद को हरा होते देखा है, कई बार पन्नों के ऊपर से बाँस के पत्तों को हटाकर चित्र बनाए हैं, और चित्र बना लेने के बाद हर बार मिट्टी से सने हाथों को धोया है! आभार सत्यानन्द जी का, राजकमल प्रकाशन और 'लप्रेक' परिवार का, आपके विश्वास और प्यार के लिए!

अब कितनी सफल है यह पुस्तक, यह तो आप ही बताएँगे! इन कहानियों में कई बार आप सोने को माटी के आगे पिघलता देखेंगे, तो कई कहानियों में मैंने इसी माटी को सोना बनते देखा है...अब आपकी बारी...

08 दिसम्बर, 2015, नई दिल्ली **विक्रम नायक**